Onicotecnica e Ricostruzione Unghie

Guida Pratica per imparare tutte le tecniche e diventare una professionista!

Indice

**Alla fine di questo libro troverai
un regalo esclusivo!**

Onicotecnica e Ricostruzione Unghie

Guida Pratica per imparare tutte le tecniche e diventare una professionista!

I. Introduzione all'Onicotecnica

1. Origini e Evoluzione dell'Onicotecnica

L'artigianato delle unghie, noto anche come onicotecnica, ha radici profonde che affondano nelle antiche civiltà. Fin dai tempi più remoti, le persone hanno dato importanza alla cura e all'estetica delle unghie, non solo come segno di bellezza, ma anche come indicatore di status sociale e benessere personale. Nell'antico Egitto, le donne aristocratiche dipingevano le loro unghie con pigmenti naturali, mentre in Cina le unghie lunghe e curate erano un simbolo di ricchezza e nobiltà. Con il passare dei secoli, le tecniche di cura e decorazione delle unghie si sono evolute, riflettendo le tendenze e le tradizioni delle diverse culture.

Tuttavia, è nel XX secolo che l'onicotecnica ha conosciuto una vera e propria rivoluzione. Con l'avvento della produzione di massa e la diffusione dei prodotti cosmetici, le persone hanno iniziato a esplorare nuove possibilità per la cura e l'embellimento delle unghie. Negli anni '50, la popolarità delle unghie finte e degli smalti colorati ha dato inizio a una nuova era nell'industria delle unghie.

Negli anni successivi, con l'avanzamento della tecnologia e la crescente domanda di trattamenti più duraturi e naturali, sono emerse le tecniche di ricostruzione unghie con gel, acrilico e acrigel. Questi materiali, inizialmente sviluppati per scopi medici, hanno rapidamente trovato applicazioni nell'ambito dell'estetica delle unghie, offrendo una soluzione duratura per rinforzare e decorare le unghie naturali.

Oggi, l'onicotecnica è diventata una professione a sé stante, con tecnici specializzati che offrono una vasta gamma di servizi, dalla semplice manicure alla ricostruzione avanzata delle unghie. Con l'accesso a formazione professionale e materiali di alta qualità, chiunque può imparare le tecniche di ricostruzione unghie e avviare una carriera gratificante nel settore dell'estetica delle unghie.

2. Il Ruolo delle Tecniche di Ricostruzione nelle Unghie

Le tecniche di ricostruzione unghie con gel, acrilico e acrigel svolgono un ruolo fondamentale nell'industria dell'estetica delle unghie, offrendo soluzioni innovative per risolvere una serie di problemi estetici e funzionali. Queste tecniche non si limitano semplicemente a migliorare l'aspetto delle unghie, ma mirano anche a migliorarne la salute e la robustezza.

Una delle principali funzioni delle tecniche di ricostruzione è quella di rinforzare le unghie naturali, specialmente per le persone che soffrono di unghie fragili o che tendono a spezzarsi facilmente. Grazie alla resistenza e alla durabilità del gel, dell'acrilico e dell'acrigel, è possibile proteggere le unghie naturali dagli agenti esterni dannosi, come l'umidità e gli urti, prevenendo così la rottura e il danneggiamento.

Inoltre, queste tecniche consentono di correggere difetti strutturali delle unghie, come l'onicolisi (sollevamento dell'unghia dal letto ungueale), le unghie rovinate o deformate. Utilizzando gel, acrilico o acrigel, è possibile modellare le unghie in modo uniforme, creando una superficie liscia e uniforme che migliora l'aspetto complessivo delle mani.

Ma le tecniche di ricostruzione non si limitano solo alla funzione di rinforzo e correzione. Esse offrono anche infinite possibilità creative per l'arte delle unghie. Con l'uso di gel colorati, glitter, gemme e altre decorazioni, è possibile creare design unici e personalizzati che esprimono la personalità e lo stile individuale di ciascun cliente. Dalle eleganti french manicure ai disegni più audaci e fantasiosi, le tecniche di ricostruzione permettono ai tecnici di esprimere la propria creatività e di soddisfare le esigenze estetiche più diverse.

Inoltre, le tecniche di ricostruzione offrono anche soluzioni per problemi specifici delle unghie, come il morso delle unghie o le unghie danneggiate da trattamenti chimici. Grazie alla capacità di coprire completamente l'unghia naturale con materiali resistenti, è possibile proteggere le unghie danneggiate durante il processo di crescita, permettendo loro di rigenerarsi in un ambiente sicuro e protetto.

In conclusione, le tecniche di ricostruzione unghie con gel, acrilico e acrigel sono una risorsa preziosa per chiunque desideri migliorare l'aspetto e la salute delle proprie unghie. Con una corretta formazione e pratica, i tecnici possono utilizzare queste tecniche per offrire servizi di alta qualità e soddisfare le esigenze dei loro clienti più esigenti.

3. Opportunità di Carriera nell'Onicotecnica

L'onicotecnica non è solo un'abilità da possedere, ma anche una professione che offre una vasta gamma di opportunità di carriera. Con l'aumento della consapevolezza sull'importanza della cura delle unghie e la crescente domanda di servizi di bellezza e benessere, la richiesta di tecnici qualificati è in costante aumento. Questo significa che chiunque abbia competenze nell'onicotecnica ha di fronte a sé molteplici possibilità di successo professionale.

Uno dei percorsi di carriera più comuni nell'onicotecnica è quello di lavorare come tecnico in un salone di bellezza o in uno studio specializzato nelle unghie. In queste impostazioni, i tecnici hanno l'opportunità di servire una vasta clientela, offrendo una varietà di trattamenti, dalla manicure di base alla ricostruzione avanzata delle unghie. Lavorare in un ambiente professionale consente ai tecnici di acquisire esperienza pratica e di costruire una reputazione nel settore.

Altri tecnici decidono di avviare la propria attività come imprenditori nel settore dell'estetica delle unghie. Questo può significare aprire un proprio salone di bellezza, offrire servizi a domicilio o persino vendere prodotti e materiali per l'onicotecnica. Con la giusta pianificazione e marketing, è possibile creare un'attività di successo e guadagnarsi una clientela fedele.

Ma le opportunità di carriera nell'onicotecnica non si limitano solo ai saloni di bellezza tradizionali. Con l'avvento della tecnologia e del mondo digitale, sempre più tecnici stanno esplorando nuovi modi per offrire i propri servizi online. Attraverso piattaforme di social media, blog e video tutorial, è possibile raggiungere una vasta audience di potenziali clienti e costruire un marchio personale nell'industria dell'estetica delle unghie.

Inoltre, l'onicotecnica offre anche opportunità di carriera nel settore dell'insegnamento e della formazione. Con l'esperienza e le competenze acquisite nel tempo, i tecnici possono diventare istruttori certificati e condividere le proprie conoscenze con gli altri aspiranti tecnici. Questo non solo contribuisce alla crescita e allo sviluppo dell'industria, ma offre anche una gratificante opportunità di mentorship e leadership.

In conclusione, le opportunità di carriera nell'onicotecnica sono varie e stimolanti. Con impegno, formazione e pratica, chiunque abbia una passione per la cura delle unghie può trovare successo e realizzazione professionale in questo campo in rapida crescita.

4. Scopo e Contenuto del Manuale

Il presente manuale è stato creato con l'obiettivo di fornire un'ampia panoramica delle tecniche avanzate di ricostruzione unghie con gel, acrilico e acrigel, offrendo sia ai principianti che agli utenti avanzati una guida dettagliata e pratica per padroneggiare questa affascinante professione nell'ambito dell'estetica delle unghie.

Il contenuto del manuale è strutturato in modo logico e progressivo, partendo dalle basi fondamentali e procedendo verso le tecniche più avanzate. Ogni capitolo è progettato per essere accessibile e comprensibile, con istruzioni dettagliate, immagini esplicative e suggerimenti pratici per garantire una comprensione completa e un'applicazione efficace delle tecniche illustrate.

Iniziamo esplorando i concetti di base dell'onicotecnica, aprendo le porte agli aspiranti tecnici e introducendoli nel meraviglioso mondo delle unghie. Successivamente, ci addentreremo nelle diverse tecniche di ricostruzione con gel, acrilico e acrigel, fornendo istruzioni passo-passo su come preparare l'unghia naturale, applicare i materiali e rifinire il lavoro per ottenere risultati professionali.

Ma questo manuale non si limita solo alla pratica delle tecniche. Cercheremo anche di affrontare questioni cruciali come l'igiene e la sicurezza, fornendo consigli pratici su come mantenere una postazione di lavoro pulita e sicura e proteggere sia il tecnico che il cliente da potenziali rischi di infezione o danni.

Inoltre, dedicheremo spazio alla risoluzione dei problemi comuni che possono sorgere durante la pratica dell'onicotecnica, offrendo soluzioni pratiche e suggerimenti per evitare errori e migliorare le proprie abilità nel tempo.

Infine, il manuale includerà anche consigli utili per la manutenzione delle unghie ricostruite, il marketing e la promozione dei servizi di onicotecnica, nonché una riflessione sulle prospettive future di questa professione in continua evoluzione.

In sintesi, il nostro obiettivo con questo manuale è quello di fornire agli aspiranti tecnici un'ampia conoscenza delle tecniche di ricostruzione unghie con gel, acrilico e acrigel, equipaggiandoli con le competenze e le conoscenze necessarie per eccellere in questa stimolante professione nell'industria dell'estetica delle unghie.

5.Esplorando le Possibilità dell'Onicotecnica

L'onicotecnica offre un mondo di possibilità creative e professionali che vanno ben oltre la semplice applicazione di smalti e decorazioni sulle unghie. Con la giusta formazione e pratica, i tecnici possono spaziare tra una vasta gamma di servizi e specializzazioni, soddisfacendo le esigenze più diverse dei propri clienti e distinguendosi nel settore dell'estetica delle unghie.

Una delle prime possibilità che l'onicotecnica offre è quella di creare design unici e personalizzati che riflettano lo stile e la personalità di ciascun cliente. Con l'uso di gel colorati, glitter, gemme, adesivi e altre decorazioni, i tecnici possono trasformare le unghie in vere e proprie opere d'arte, creando look che vanno dalla semplice eleganza alla fantasia più audace.

Ma le possibilità dell'onicotecnica non si limitano solo alla decorazione delle unghie. I tecnici possono anche specializzarsi in servizi di cura e trattamento delle unghie, offrendo soluzioni per problemi specifici come unghie deboli, danneggiate o affette da micosi. Utilizzando tecniche di rinforzo e ricostruzione con gel, acrilico o acrigel, è possibile migliorare la salute e la resistenza delle unghie naturali, permettendo loro di crescere sane e forti nel tempo.

Inoltre, l'onicotecnica offre anche possibilità di espansione della carriera attraverso la formazione e la specializzazione in settori correlati. Ad esempio, molti tecnici scelgono di ampliare le proprie competenze imparando tecniche di nail art 3D, nail stamping, o nail piercing. Altri optano per la specializzazione in trattamenti più avanzati come le unghie acriliche decorate con incastonature di cristalli Swarovski o le nail extensions con effetto ombre.

Non solo, ma l'onicotecnica può anche aprire le porte a opportunità di lavoro in settori correlati come l'industria della moda, dell'intrattenimento e del marketing. Con la crescente popolarità delle nail influencers e delle nail technicians di fama mondiale, c'è una domanda sempre maggiore di tecnici qualificati che possano creare look innovativi e accattivanti per eventi speciali, sfilate di moda, produzioni cinematografiche e campagne pubblicitarie.

In conclusione, esplorare le possibilità dell'onicotecnica significa aprirsi a un mondo di creatività, innovazione e opportunità professionali. Con passione, impegno e un'adeguata formazione, chiunque abbia una passione per la cura delle unghie può trovare successo e realizzazione in questo settore in continua evoluzione.

II. Strumenti e Materiali Necessari

1. Limette: Strumenti Essenziali per la Modellatura delle Unghie

Le limette sono tra gli strumenti più fondamentali nell'arsenale di un tecnico delle unghie, poiché svolgono un ruolo cruciale nella modellatura, nella rifinitura e nella definizione della forma delle unghie. La scelta della limetta giusta può fare la differenza tra un lavoro ben eseguito e un risultato deludente, quindi è importante comprendere le diverse tipologie disponibili e imparare a utilizzarle correttamente.

Esistono varie tipologie di limette, ognuna con caratteristiche specifiche e adatta a differenti esigenze di modellatura. Le limette a grana fine sono ideali per la rifinitura e la levigatura delle unghie, garantendo una superficie liscia e uniforme senza danneggiare il letto ungueale. Al contrario, le limette più abrasive sono utilizzate per ridurre la lunghezza e la forma delle unghie in modo rapido ed efficace, ma è importante usarle con cautela per evitare danni eccessivi.

Per la modellatura delle unghie, è consigliabile utilizzare limette di forma rettangolare o curva, a seconda della preferenza personale e del tipo di lavoro da eseguire. Le limette rettangolari offrono maggiore precisione e controllo nella definizione della forma, mentre le limette curve si adattano meglio alla curvatura naturale delle unghie, facilitando la modellatura e la levigatura.

Durante l'utilizzo delle limette, è importante prestare attenzione alla direzione e alla pressione applicata, evitando movimenti bruschi e eccessiva abrasione che potrebbero danneggiare le unghie naturali. È consigliabile limare sempre in una sola direzione, avanti e indietro, mantenendo una pressione uniforme per ottenere un risultato uniforme e professionale.

Inoltre, è importante tenere le limette pulite e ben conservate per garantire prestazioni ottimali e prevenire contaminazioni o infezioni. Dopo ogni utilizzo, è consigliabile pulire le limette con acqua e sapone neutro o con un disinfettante specifico per strumenti per unghie, e conservarle in un contenitore pulito e asciutto per evitare contaminazioni da batteri o funghi.

In conclusione, le limette sono strumenti essenziali per la modellatura e la rifinitura delle unghie, offrendo precisione, controllo e versatilità nel processo di lavorazione. Con una corretta selezione e utilizzo delle limette, è possibile ottenere risultati professionali e soddisfare le esigenze estetiche più diverse dei propri clienti.

2. Buffer: Levigare e Preparare le Unghie per la Ricostruzione

Il buffer è uno strumento indispensabile nell'arsenale di ogni tecnico delle unghie, utilizzato per levigare e preparare l'unghia naturale prima della ricostruzione con gel, acrilico o acrigel. La sua azione abrasiva consente di eliminare le irregolarità della superficie dell'unghia, creando una base uniforme e aderente per l'applicazione dei materiali ricostruttivi. Tuttavia, l'uso corretto del buffer richiede una certa attenzione e tecnica per evitare danni alle unghie naturali e garantire risultati ottimali.

Esistono diverse tipologie di buffer disponibili sul mercato, ognuna con caratteristiche specifiche e adatte a differenti esigenze di lavorazione. I buffer a grana fine sono ideali per levigare delicatamente la superficie dell'unghia naturale, preparandola alla ricostruzione senza danneggiare il letto ungueale. Al contrario, i buffer più abrasivi possono essere utilizzati per rimuovere lo strato superficiale dell'unghia e garantire una migliore adesione dei materiali ricostruttivi.

Durante l'utilizzo del buffer, è importante prestare attenzione alla pressione applicata e alla direzione dei movimenti, evitando di esercitare troppa forza o di limare in modo eccessivo. La tecnica corretta prevede movimenti leggeri e fluidi, con il buffer tenuto in posizione piatta per evitare danni eccessivi alla superficie dell'unghia. Inoltre, è consigliabile utilizzare il buffer solo sulla lamina ungueale e evitare di limare sulla cuticola o sulle parti molli della pelle per prevenire irritazioni o lesioni.

Dopo aver levigato l'unghia con il buffer, è importante rimuovere accuratamente i residui di polvere e pulire la superficie con un deidratante o un primer per migliorare l'adesione dei materiali ricostruttivi. Questo passaggio preparatorio è essenziale per garantire una tenuta ottimale e duratura della ricostruzione, evitando sollevamenti o distacchi prematuri.

In conclusione, il buffer è uno strumento versatile e indispensabile nella pratica dell'onicotecnica, offrendo la possibilità di levigare e preparare l'unghia naturale per la ricostruzione con gel, acrilico o acrigel. Con una corretta tecnica e attenzione ai dettagli, è possibile ottenere risultati professionali e soddisfare le esigenze estetiche dei propri clienti.

3. Pennelli: Strumenti Precisi per l'Applicazione di Gel, Acrilico e Acrigel

I pennelli sono un elemento imprescindibile nell'attrezzatura di ogni tecnico delle unghie, poiché svolgono un ruolo cruciale nell'applicazione precisa e uniforme di gel, acrilico e acrigel. La scelta del pennello giusto può influenzare notevolmente la qualità del lavoro finito, quindi è fondamentale comprendere le diverse caratteristiche dei pennelli disponibili e come utilizzarli al meglio.

Esistono diversi tipi di pennelli, ognuno progettato per soddisfare esigenze specifiche durante il processo di applicazione dei materiali ricostruttivi. I pennelli per gel sono generalmente più morbidi e flessibili, con setole sottili e lisce che consentono una distribuzione uniforme del gel sull'unghia naturale. Questi pennelli sono particolarmente adatti per creare sottili strati di gel e per eseguire dettagliati decorazioni nail art.

D'altra parte, i pennelli per acrilico sono solitamente più rigidi e robusti, con setole più dense e compatte che consentono di lavorare con una maggiore precisione e controllo. Questi pennelli sono ideali per l'applicazione di acrilico, poiché permettono di modellare e sagomare facilmente l'acrilico sulla superficie dell'unghia, creando forme e design personalizzati.

I pennelli per acrigel sono un'opzione ibrida, progettati per offrire la versatilità del gel e la resistenza dell'acrilico. Questi pennelli presentano setole più morbide rispetto ai pennelli per acrilico, ma più rigide rispetto a quelli per gel, consentendo di lavorare con entrambi i materiali in modo efficace e preciso. Sono particolarmente adatti per la tecnica dell'acrigel, che combina gel e acrilico per una maggiore durata e resistenza.

Durante l'utilizzo dei pennelli, è importante prestare attenzione alla pulizia e alla manutenzione per garantire prestazioni ottimali e una durata prolungata. Dopo ogni utilizzo, i pennelli devono essere puliti con un solvente specifico per il tipo di materiale utilizzato e conservati in modo appropriato per evitare deformazioni delle setole o contaminazioni da residui di prodotto.

In conclusione, i pennelli sono strumenti essenziali per ottenere risultati professionali nella ricostruzione delle unghie con gel, acrilico e acrigel. Con una corretta selezione e utilizzo dei pennelli, è possibile eseguire con precisione e creatività una vasta gamma di tecniche e design, soddisfacendo le esigenze estetiche dei propri clienti.

4. Lampade UV/LED: Polimerizzazione Efficace dei Materiali

Le lampade UV/LED rappresentano uno strumento fondamentale nell'ambito della ricostruzione unghie con gel, acrilico e acrigel, consentendo la polimerizzazione rapida ed efficace dei materiali utilizzati. Queste lampade emettono una luce ultravioletta o a LED che attiva i fotoiniziatori presenti nei gel e negli acrigel, innescando la reazione di polimerizzazione che trasforma i materiali liquidi in una solida struttura indurita.

La scelta tra lampade UV e LED dipende dalle preferenze personali e dalle esigenze specifiche del tecnico. Le lampade UV sono state tradizionalmente utilizzate nell'industria delle unghie e offrono una polimerizzazione efficace dei gel e degli acrigel. Tuttavia, richiedono tempi di indurimento più lunghi e possono causare un maggiore rischio di danni alla pelle a causa dell'esposizione ai raggi ultravioletti.

D'altra parte, le lampade a LED sono diventate sempre più popolari per la loro maggiore efficienza ed eccellente durata. Le lampade a LED sono in grado di polimerizzare i materiali in tempi più brevi rispetto alle lampade UV, riducendo il tempo totale di lavoro e migliorando la produttività. Inoltre, emettono meno calore e non emettono raggi ultravioletti dannosi, rendendole una scelta più sicura per il tecnico e il cliente.

Indipendentemente dal tipo di lampada scelta, è importante seguire le istruzioni del produttore e rispettare i tempi di polimerizzazione consigliati per garantire risultati ottimali. È consigliabile anche posizionare correttamente le mani sotto la lampada durante il processo di polimerizzazione per garantire una distribuzione uniforme della luce e una polimerizzazione completa dei materiali su tutte le superfici delle unghie.

Inoltre, è importante tenere conto delle caratteristiche specifiche dei materiali utilizzati. Ad esempio, alcuni gel e acrigel richiedono tempi di polimerizzazione più lunghi o possono richiedere una lampada UV o LED di potenza superiore per una polimerizzazione efficace. È quindi consigliabile verificare sempre le raccomandazioni del produttore e adattare l'utilizzo della lampada alle esigenze specifiche dei materiali utilizzati.

In conclusione, le lampade UV/LED sono strumenti essenziali per garantire una polimerizzazione efficace dei materiali nella ricostruzione unghie con gel, acrilico e acrigel. Con una corretta selezione e utilizzo della lampada, è possibile ottenere un lavoro di alta qualità e garantire la durata e la resistenza della ricostruzione.

5. Primer e Deidratante: Preparazione dell'Unghia Naturale

Il primer e il deidratante sono prodotti essenziali nella preparazione dell'unghia naturale prima della ricostruzione con gel, acrilico o acrigel. Questi prodotti svolgono ruoli distinti ma complementari nel processo di preparazione, contribuendo a garantire un'adesione ottimale dei materiali ricostruttivi e una maggiore durata della ricostruzione nel tempo.

Il primer è un liquido adesivo applicato sull'unghia naturale prima dell'applicazione del gel, dell'acrilico o dell'acrigel. Il suo compito principale è quello di migliorare l'adesione dei materiali, creando un legame più forte e duraturo tra l'unghia naturale e il materiale ricostruttivo. Il primer agisce penetrando negli strati superficiali dell'unghia, creando una superficie leggermente ruvida e facilitando l'ancoraggio del gel o dell'acrilico.

D'altra parte, il deidratante è un prodotto utilizzato per rimuovere l'umidità e gli oli naturali presenti sulla superficie dell'unghia, preparandola per l'applicazione del primer e dei materiali ricostruttivi. La sua azione disidratante aiuta a eliminare eventuali residui di olio, sporco o residui di smalto presenti sull'unghia, garantendo una migliore adesione e una maggiore durata della ricostruzione.

La corretta applicazione del primer e del deidratante è essenziale per garantire risultati ottimali e prevenire sollevamenti o distacchi prematuri della ricostruzione. Prima dell'applicazione, è importante preparare accuratamente l'unghia naturale, pulendo la superficie con un detergente specifico o con un solvente per smalto per rimuovere eventuali residui di sporco o di olio.

Una volta pulita e asciutta, l'unghia può essere trattata con il deidratante per rimuovere l'umidità e preparare la superficie per l'applicazione del primer. Dopo l'asciugatura del deidratante, si può procedere con l'applicazione del primer, assicurandosi di distribuirlo uniformemente su tutta la superficie dell'unghia e di evitare il contatto con la pelle circostante.

Dopo l'applicazione del primer, è importante lasciarlo asciugare completamente prima di procedere con l'applicazione dei materiali ricostruttivi. Questo permette al primer di creare un legame solido e duraturo con l'unghia naturale, garantendo una maggiore adesione e una maggiore durata della ricostruzione nel tempo.

In conclusione, il primer e il deidratante sono prodotti fondamentali nella preparazione dell'unghia naturale per la ricostruzione con gel, acrilico o acrigel. Con una corretta applicazione e preparazione, è possibile garantire risultati ottimali e una maggiore durata della ricostruzione nel tempo.

6. Gel, Acrilico e Acrigel: Materiali Fondamentali per la Ricostruzione

Il gel, l'acrilico e l'acrigel rappresentano i tre principali materiali utilizzati nella ricostruzione delle unghie, ognuno con caratteristiche uniche e vantaggi specifici. Con una corretta comprensione e padronanza di questi materiali, è possibile eseguire una vasta gamma di tecniche e creare design personalizzati per soddisfare le esigenze estetiche dei clienti.

Il gel è un materiale versatile e flessibile, disponibile in diverse consistenze e viscosità per adattarsi alle preferenze del tecnico e alle esigenze del cliente. Il gel può essere utilizzato per creare estensioni dell'unghia, rinforzi o riparazioni delle unghie naturali, consentendo una maggiore personalizzazione e creatività nei design. Tra i vantaggi del gel vi è la sua capacità di auto-lisciarsi durante la polimerizzazione, creando una superficie uniforme e levigata senza la necessità di limare eccessivamente. Il gel può essere polimerizzato con lampade UV o LED, garantendo una rapida e completa indurimento del materiale.

L'acrilico è un materiale resistente e durevole, ampiamente utilizzato nella ricostruzione delle unghie per la sua solidità e resistenza alla rottura. È composto da una miscela di polimeri e monomeri liquidi che si induriscono rapidamente quando esposti all'aria, consentendo una lavorazione precisa e una modellatura dettagliata delle unghie. L'acrilico può essere utilizzato per creare estensioni dell'unghia, aggiungere rinforzi o modellare forme personalizzate, offrendo una maggiore resistenza e durata rispetto al gel. Tuttavia, richiede una maggiore attenzione durante l'applicazione e la modellatura, poiché si solidifica rapidamente e può essere difficile da correggere una volta indurito.

L'acrigel è un'innovativa combinazione di gel e acrilico, che offre il meglio dei due mondi in termini di flessibilità, resistenza e durata. Questo materiale ibrido consente una maggiore adesione e una migliore flessibilità rispetto al gel tradizionale, garantendo una maggiore durata e resistenza alla rottura delle unghie ricostruite. L'acrigel può essere applicato e modellato con la stessa tecnica dell'acrilico, offrendo la possibilità di creare design dettagliati e personalizzati senza sacrificare la durata e la resistenza del materiale. È polimerizzato con lampade UV o LED, garantendo una completa e rapida indurimento del materiale per un risultato professionale e durevole.

In conclusione, il gel, l'acrilico e l'acrigel sono materiali fondamentali nella pratica dell'onicotecnica, offrendo la possibilità di eseguire una vasta gamma di tecniche e creare design personalizzati per soddisfare le esigenze estetiche dei clienti. Con una corretta comprensione e padronanza di questi materiali, è possibile ottenere risultati professionali e durevoli nella ricostruzione delle unghie.

7. Vaschette e Contenitori: Organizzazione e Conservazione degli Strumenti

Le vaschette e i contenitori sono elementi cruciali per mantenere ordine e pulizia nella postazione di lavoro di un tecnico delle unghie. Una corretta organizzazione degli strumenti non solo facilita il lavoro durante la ricostruzione delle unghie, ma contribuisce anche a garantire un ambiente sicuro e igienico per il tecnico e il cliente.

Esistono diverse tipologie di vaschette e contenitori disponibili sul mercato, ognuna progettata per soddisfare esigenze specifiche di organizzazione e conservazione degli strumenti. Le vaschette possono essere utilizzate per immergere le mani del cliente durante la manicure o la rimozione del gel, offrendo un ambiente confortevole e rilassante. I contenitori trasparenti sono ideali per conservare limette, buffer, pennelli e altri strumenti, consentendo al tecnico di visualizzare facilmente il contenuto e accedere rapidamente agli strumenti necessari durante il lavoro.

È importante mantenere le vaschette e i contenitori puliti e disinfettati regolarmente per prevenire la contaminazione crociata e proteggere la salute del cliente e del tecnico. Dopo ogni utilizzo, è consigliabile pulire le vaschette e i contenitori con acqua e sapone neutro o con un disinfettante specifico per strumenti per garantire una rimozione efficace di eventuali residui di prodotto o batteri.

Inoltre, è importante prestare attenzione alla disposizione degli strumenti all'interno delle vaschette e dei contenitori per massimizzare l'efficienza e ridurre il rischio di contaminazione. Ad esempio, è consigliabile separare gli strumenti utilizzati per la preparazione dell'unghia naturale da quelli utilizzati per l'applicazione dei materiali ricostruttivi, evitando il contatto diretto tra le due fasi del processo.

Una corretta organizzazione degli strumenti contribuisce anche a creare un ambiente professionale e accogliente per il cliente, dimostrando attenzione ai dettagli e dedizione al lavoro. Il cliente si sentirà più sicuro e fiducioso nel ricevere trattamenti di alta qualità in un ambiente ben organizzato e pulito.

In conclusione, le vaschette e i contenitori sono strumenti essenziali per mantenere ordine, pulizia e sicurezza nella postazione di lavoro di un tecnico delle unghie. Con una corretta organizzazione e manutenzione degli strumenti, è possibile garantire un ambiente professionale e igienico per eseguire trattamenti di alta qualità e soddisfare le esigenze estetiche dei clienti.

8. Disinfettanti e Prodotti per l'Igiene: Sicurezza e Igiene sul Posto di Lavoro

La sicurezza e l'igiene sul posto di lavoro sono di fondamentale importanza per ogni tecnico delle unghie, poiché contribuiscono a proteggere la salute del cliente e del professionista e a prevenire la diffusione di infezioni o contaminazioni. I disinfettanti e i prodotti per l'igiene svolgono un ruolo essenziale nel mantenere un ambiente di lavoro sicuro e igienico, garantendo la conformità alle normative sanitarie e la soddisfazione del cliente.

I disinfettanti sono utilizzati per eliminare germi, batteri e virus dalle superfici di lavoro, strumenti e attrezzature, riducendo il rischio di contaminazione e infezione. Esistono diversi tipi di disinfettanti disponibili, inclusi disinfettanti a base di alcol, cloro, ammonio quaternario e altri agenti antimicrobici. È importante selezionare un disinfettante efficace e adatto alle esigenze specifiche della postazione di lavoro, assicurandosi che sia in grado di eliminare una vasta gamma di patogeni senza danneggiare gli strumenti o le superfici trattate.

Oltre ai disinfettanti, è importante utilizzare prodotti per l'igiene personale, come guanti monouso, mascherine facciali e camici protettivi, per ridurre il rischio di contaminazione crociata tra il tecnico e il cliente. Questi prodotti proteggono il cliente da eventuali contaminazioni da parte del tecnico e proteggono il tecnico da esposizioni a sostanze chimiche nocive presenti nei prodotti utilizzati durante il trattamento delle unghie.

È essenziale seguire rigorose pratiche di igiene durante tutte le fasi del trattamento delle unghie, compresa la pulizia e la disinfezione delle mani del tecnico e del cliente prima dell'inizio del trattamento. Inoltre, è importante pulire e disinfettare regolarmente tutte le superfici di lavoro, compresi i tavoli, le lampade UV/LED, le vaschette e i contenitori degli strumenti, per prevenire la contaminazione da parte di batteri o altri patogeni.

Infine, è importante educare il cliente sull'importanza dell'igiene e della sicurezza durante il trattamento delle unghie, incoraggiandolo a seguire le raccomandazioni del tecnico e ad adottare pratiche di igiene personale a casa. Questo contribuisce a mantenere la salute delle unghie e a prevenire eventuali complicazioni o infezioni dopo il trattamento.

In conclusione, l'uso di disinfettanti e prodotti per l'igiene è essenziale per garantire la sicurezza e l'igiene sul posto di lavoro di un tecnico delle unghie. Con una corretta selezione e utilizzo di questi prodotti, è possibile creare un ambiente di lavoro sicuro e igienico, proteggendo la salute del cliente e del tecnico e garantendo risultati di alta qualità nel trattamento delle unghie.

9. Accessori Decorativi: Personalizzazione delle Unghie Ricostruite

Gli accessori decorativi rappresentano un elemento fondamentale nella personalizzazione delle unghie ricostruite, consentendo al cliente di esprimere la propria individualità e stile attraverso design unici e creativi. Con una vasta gamma di accessori disponibili, tra cui gemme, strass, adesivi, paillettes e decorazioni in metallo, il tecnico delle unghie ha l'opportunità di creare design personalizzati e alla moda che soddisfano le esigenze estetiche del cliente.

Le gemme e gli strass sono tra gli accessori più popolari utilizzati per aggiungere un tocco di brillantezza e glamour alle unghie ricostruite. Possono essere applicati sul gel o sull'acrilico durante la fase di modellatura o sulla superficie delle unghie finito il processo di ricostruzione, creando effetti luminosi e tridimensionali che catturano l'attenzione. Le gemme possono essere di diverse forme, dimensioni e colori, consentendo una vasta gamma di possibilità creative e design personalizzati.

Gli adesivi sono un'opzione rapida e facile per aggiungere disegni e motivi alle unghie senza la necessità di abilità artistiche particolari. Sono disponibili in una varietà di motivi, tra cui fiori, animali, geometrie e altro ancora, e possono essere applicati sulla superficie delle unghie finito il processo di ricostruzione. Gli adesivi consentono al cliente di cambiare facilmente il proprio stile e look, provando diversi design senza impegno a lungo termine.

Le paillettes sono perfette per aggiungere un tocco di scintillio e glamour alle unghie, creando effetti brillanti e luccicanti che si distinguono. Possono essere incorporate nel gel o nell'acrilico durante la fase di modellatura o applicate sulla superficie delle unghie finito il processo di ricostruzione, consentendo al cliente di personalizzare il proprio look con riflessi luminosi e brillanti.

Le decorazioni in metallo, come perline, catenelle e charme, aggiungono un tocco di eleganza e raffinatezza alle unghie, creando design sofisticati e alla moda. Possono essere applicate sulla superficie delle unghie o incorporate nel gel o nell'acrilico durante la fase di modellatura, consentendo al cliente di personalizzare il proprio look con dettagli intricati e chic.

In conclusione, gli accessori decorativi offrono infinite possibilità di personalizzazione delle unghie ricostruite, consentendo al cliente di esprimere la propria creatività e stile attraverso design unici e alla moda. Con una vasta gamma di opzioni disponibili, il tecnico delle unghie ha l'opportunità di creare look personalizzati che soddisfano le esigenze estetiche del cliente e garantiscono risultati di alta qualità.

10. Solventi e Rimuovi Gel: Correzioni e Pulizia durante il Processo di Lavoro

I solventi e i rimuovi gel sono strumenti essenziali nel processo di lavoro del tecnico delle unghie, fornendo soluzioni efficaci per correggere errori, pulire e preparare le unghie durante la ricostruzione. Con una corretta comprensione e utilizzo di questi prodotti, è possibile ottimizzare l'efficienza e la precisione del lavoro, garantendo risultati professionali e soddisfacenti per il cliente.

I solventi sono utilizzati per rimuovere residui di gel, acrilico o acrigel dalla superficie delle unghie durante il processo di modellatura. Possono essere utilizzati per correggere eventuali errori di applicazione o per pulire e preparare le unghie prima di applicare nuovi strati di materiale ricostruttivo. I solventi possono essere a base di acetone o di altri solventi specifici per il tipo di materiale utilizzato, garantendo una rimozione efficace senza danneggiare l'unghia naturale.

I rimuovi gel sono formulati appositamente per rimuovere gel indurito o gel polish dalle unghie senza danneggiare la superficie dell'unghia naturale. Sono disponibili in diverse forme, tra cui liquidi, gel o impacchi, e possono essere applicati sulla superficie delle unghie per ammorbidire e sciogliere il gel in eccesso. Questi prodotti sono particolarmente utili durante la fase di rimozione del gel precedente prima di applicare un nuovo strato di gel o di eseguire una ricostruzione completa dell'unghia.

Durante il processo di lavoro, è importante utilizzare solventi e rimuovi gel con cautela e seguendo le istruzioni del produttore per garantire una rimozione sicura ed efficace dei materiali. È consigliabile testare sempre il prodotto su una piccola area della pelle per verificare la presenza di eventuali reazioni allergiche o irritazioni prima dell'utilizzo completo.

Inoltre, è importante mantenere la postazione di lavoro pulita e organizzata durante l'utilizzo di solventi e rimuovi gel per evitare contaminazioni incrociate e proteggere la salute del cliente e del tecnico. È consigliabile utilizzare strumenti monouso o sterilizzati per applicare i prodotti e rimuovere eventuali residui in eccesso con un panno pulito o un batuffolo di cotone.

In conclusione, i solventi e i rimuovi gel sono strumenti essenziali nel processo di lavoro del tecnico delle unghie, consentendo correzioni precise e pulizia efficace durante la ricostruzione. Con una corretta comprensione e utilizzo di questi prodotti, è possibile garantire risultati professionali e soddisfacenti per il cliente, mantenendo un ambiente di lavoro sicuro e igienico.

III. Preparazione della Postazione di Lavoro

1. Organizzazione degli Strumenti e dei Materiali

La corretta organizzazione degli strumenti e dei materiali è fondamentale per creare un ambiente di lavoro efficiente e ordinato durante il processo di ricostruzione delle unghie. Un tecnico delle unghie ben preparato è in grado di ottimizzare il proprio flusso di lavoro e garantire una maggiore precisione e qualità nei risultati finali.

Innanzitutto, è importante avere una visione chiara di tutti gli strumenti necessari per eseguire la ricostruzione delle unghie. Questi possono includere limette, buffer, pennelli per gel, acrilico e acrigel, spatole, pinze, e altri utensili specializzati. Assicurarsi di avere tutti gli strumenti a portata di mano riduce il tempo trascorso a cercare e aumenta l'efficienza del processo.

Una volta identificati gli strumenti, è essenziale organizzarli in modo sistematico e accessibile. Utilizzare contenitori o organizer con scomparti separati per mantenere gli strumenti separati e ordinati. Ad esempio, è possibile assegnare un contenitore per limette e buffer, un altro per pennelli e spatole, e così via. Questo facilita il recupero degli strumenti necessari durante il trattamento e riduce il rischio di confusione o disordine.

Per quanto riguarda i materiali, è importante disporli in modo strategico sulla postazione di lavoro. Gel, acrilico e acrigel devono essere posizionati in contenitori o dispenser che consentano un facile accesso e una dosatura precisa. Inoltre, è consigliabile tenere i materiali in contenitori chiusi per proteggerli da contaminazioni esterne e prolungarne la durata.

Infine, è importante mantenere la postazione di lavoro pulita e ordinata durante tutto il processo. Rimuovere regolarmente i residui di gel, acrilico o acrigel dalle superfici di lavoro e disinfettare gli strumenti dopo ogni utilizzo. Mantenere un ambiente di lavoro igienico è essenziale per la salute del cliente e del tecnico e per garantire risultati di alta qualità.

2. Sterilizzazione degli Strumenti

La sterilizzazione degli strumenti rappresenta un aspetto cruciale nell'ambito dell'onicotecnica, poiché garantisce un livello ottimale di igiene e sicurezza per il cliente. La corretta sterilizzazione degli strumenti è indispensabile per prevenire la trasmissione di infezioni e garantire pratiche lavorative sicure ed etiche.

Esistono diversi metodi di sterilizzazione degli strumenti, ognuno dei quali presenta vantaggi e limitazioni. Uno dei metodi più efficaci è l'utilizzo di un autoclave, un dispositivo che utilizza il vapore ad alta pressione e temperatura per eliminare batteri, virus, funghi e altri microrganismi patogeni. L'autoclave rappresenta lo standard di riferimento per la sterilizzazione degli strumenti nel settore sanitario, poiché è in grado di garantire un livello di sterilizzazione certificato e conforme agli standard internazionali.

Oltre all'autoclave, esistono altri metodi di sterilizzazione degli strumenti, come l'utilizzo di soluzioni disinfettanti chimiche, raggi UV o calore secco. Tuttavia, è importante considerare che alcuni di questi metodi possono non essere altrettanto efficaci nell'eliminare tutti i microrganismi patogeni e potrebbero rappresentare un rischio per la salute del cliente se non eseguiti correttamente.

Indipendentemente dal metodo utilizzato, è fondamentale seguire scrupolosamente le linee guida e le raccomandazioni fornite dal produttore degli strumenti e del materiale sterilizzante. Questo include il rispetto dei tempi e delle temperature di sterilizzazione, nonché l'uso di soluzioni disinfettanti con un'efficacia comprovata contro una vasta gamma di patogeni.

Inoltre, è importante mantenere una documentazione accurata delle attività di sterilizzazione degli strumenti, compresi registri dettagliati dei cicli di sterilizzazione e delle ispezioni periodiche degli strumenti. Questo non solo dimostra un impegno verso la sicurezza e l'igiene, ma può anche essere richiesto dalle normative locali o dalle autorità regolatorie.

In conclusione, la sterilizzazione degli strumenti è un processo critico nell'ambito dell'onicotecnica, che richiede attenzione ai dettagli, precisione e conformità agli standard di sicurezza. Investire nelle migliori pratiche di sterilizzazione garantisce la sicurezza del cliente e la reputazione professionale del tecnico delle unghie.

3. Disposizione dei Materiali Ricostruttivi

La disposizione dei materiali ricostruttivi sulla postazione di lavoro è un elemento cruciale per garantire un flusso di lavoro efficiente e organizzato durante il processo di ricostruzione delle unghie. Ogni tipo di materiale, che sia gel, acrilico o acrigel, richiede una specifica attenzione nella disposizione e nell'accessibilità per garantire una corretta applicazione e una risultato finale ottimale.

Per quanto riguarda il gel, è consigliabile avere a disposizione diversi tipi di gel, come il builder gel per la costruzione dell'apice e la modellatura della struttura dell'unghia, il gel base per l'applicazione sull'unghia naturale e il gel top coat per una finitura lucida e resistente. Questi gel devono essere posizionati in contenitori o dispenser trasparenti e ben etichettati per una facile identificazione durante il lavoro.

Per quanto riguarda l'acrilico, è importante disporre dei diversi monomeri e polimeri necessari per creare una consistenza ottimale e controllata durante l'applicazione. Gli acrilici possono essere disponibili in diversi colori, viscosità e tempi di asciugatura, quindi è fondamentale avere una varietà di opzioni a portata di mano per adattarsi alle esigenze specifiche del cliente e del progetto.

Per quanto riguarda l'acrigel, che è una combinazione di gel e acrilico, è importante disporre dei materiali base per entrambi i componenti, nonché di prodotti specializzati per l'acrigel, come gel activator e gel cleanser. Questi materiali devono essere posizionati in modo da consentire una miscelazione rapida e precisa durante l'applicazione e garantire una finitura uniforme e duratura.

Oltre alla disposizione dei materiali stessi, è importante tenere conto anche della pulizia e della manutenzione degli strumenti e dei contenitori utilizzati per i materiali ricostruttivi. I contenitori devono essere puliti e disinfettati regolarmente per prevenire contaminazioni incrociate e proteggere la salute del cliente. Gli strumenti, come spatole e pennelli, devono essere puliti dopo ogni utilizzo e conservati in modo sicuro per evitare danni o contaminazioni.

In conclusione, la corretta disposizione dei materiali ricostruttivi è essenziale per garantire un flusso di lavoro efficiente e una ricostruzione delle unghie di alta qualità. Investire tempo ed energia nella organizzazione e nella manutenzione della postazione di lavoro porta a risultati migliori e soddisfacenti per il cliente.

4. Pulizia e Sanitizzazione della Postazione di Lavoro

La pulizia e la sanitizzazione della postazione di lavoro rappresentano un aspetto fondamentale nella pratica dell'onicotecnica, in quanto contribuiscono a garantire un ambiente sicuro e igienico per il cliente e per il tecnico. Una postazione di lavoro pulita e ben mantenuta non solo riduce il rischio di infezioni trasmesse da batteri e altri agenti patogeni, ma migliora anche l'immagine professionale e la fiducia del cliente nel servizio offerto.

Prima di iniziare qualsiasi trattamento, è importante dedicare del tempo alla pulizia e alla sanificazione della postazione di lavoro. Questo include la pulizia delle superfici di lavoro, dei contenitori dei materiali, degli strumenti e di qualsiasi altra area o oggetto che potrebbe entrare in contatto con il cliente o con i materiali utilizzati durante il trattamento.

Per la pulizia delle superfici di lavoro, è consigliabile utilizzare detergenti delicati e disinfettanti approvati che siano efficaci contro una vasta gamma di microrganismi patogeni, compresi batteri, virus e funghi. È importante seguire attentamente le istruzioni del produttore per assicurarsi di utilizzare i prodotti in modo sicuro ed efficace.

Per quanto riguarda i contenitori dei materiali, è consigliabile pulirli e disinfettarli regolarmente per prevenire la contaminazione incrociata tra i diversi prodotti utilizzati durante il trattamento. È possibile utilizzare soluzioni disinfettanti diluite o specifici detergenti per la pulizia dei contenitori in plastica o vetro.

Gli strumenti utilizzati durante il trattamento devono essere puliti e disinfettati dopo ogni utilizzo per prevenire la trasmissione di infezioni tra i clienti. È consigliabile utilizzare una soluzione disinfettante approvata e lasciare gli strumenti immersi per il tempo raccomandato dal produttore per garantire un'efficace eliminazione dei microrganismi patogeni.

Infine, è importante adottare pratiche di igiene personale rigorose, come il lavaggio delle mani frequente e l'uso di guanti monouso durante il trattamento, per ridurre ulteriormente il rischio di contaminazione.

In conclusione, la pulizia e la sanificazione della postazione di lavoro sono pratiche essenziali per garantire un ambiente sicuro, igienico e professionale nell'ambito dell'onicotecnica. Investire tempo ed energia in queste pratiche contribuisce a proteggere la salute del cliente e del tecnico e a garantire risultati di alta qualità.

5. Verifica delle Condizioni di Sicurezza

La verifica delle condizioni di sicurezza della postazione di lavoro è un passaggio fondamentale per garantire un ambiente lavorativo sicuro ed evitare potenziali rischi o incidenti durante il trattamento di ricostruzione delle unghie. La sicurezza sul posto di lavoro è una priorità assoluta per ogni tecnico delle unghie, e la verifica regolare delle condizioni di sicurezza è essenziale per identificare e mitigare eventuali pericoli o situazioni di rischio.

Prima di iniziare qualsiasi trattamento, è importante assicurarsi che la postazione di lavoro sia libera da ostacoli e ben illuminata, per garantire una visibilità ottimale durante il lavoro. Inoltre, è essenziale verificare che tutti gli strumenti e i materiali siano posizionati in modo sicuro e accessibile, riducendo così il rischio di incidenti o cadute.

Oltre alla disposizione degli strumenti e dei materiali, è importante anche esaminare lo stato di manutenzione e funzionamento degli strumenti e delle attrezzature utilizzate durante il trattamento. Ad esempio, è fondamentale verificare che le lampade UV/LED utilizzate per la polimerizzazione dei materiali siano in buone condizioni di funzionamento e che non presentino segni di danneggiamento o malfunzionamento che potrebbero compromettere la sicurezza del cliente e del tecnico.

Altro aspetto cruciale è la verifica delle condizioni di igiene e pulizia della postazione di lavoro. Assicurarsi che tutte le superfici siano pulite e disinfettate riduce il rischio di contaminazione batterica e contribuisce a mantenere un ambiente di lavoro sicuro e igienico. Inoltre, è importante verificare che i contenitori dei materiali siano sigillati correttamente e che non vi siano perdite o fuoriuscite che potrebbero rappresentare un pericolo per la sicurezza.

Infine, è importante essere consapevoli delle normative e delle linee guida in materia di sicurezza sul posto di lavoro e assicurarsi di conformarsi ad esse in ogni fase del trattamento. Questo include l'uso corretto di dispositivi di protezione individuale, come guanti monouso e mascherine, e l'adozione di pratiche lavorative sicure ed etiche.

In conclusione, la verifica delle condizioni di sicurezza della postazione di lavoro è un passaggio essenziale per garantire un ambiente di lavoro sicuro, igienico e professionale nell'ambito dell'onicotecnica. Investire tempo ed energia nella verifica delle condizioni di sicurezza contribuisce a proteggere la salute del cliente e del tecnico e a garantire risultati di alta qualità.

IV. Igiene e Sicurezza

1. Norme di Igiene Personale

Le norme di igiene personale rivestono un ruolo fondamentale nella pratica dell'onicotecnica, poiché contribuiscono a garantire un ambiente sicuro e igienico per il cliente e per il tecnico. Mantenere elevati standard di igiene personale è essenziale per prevenire la trasmissione di batteri, virus e altri agenti patogeni durante il trattamento di ricostruzione delle unghie.

Prima di iniziare qualsiasi trattamento, è importante che il tecnico si assicuri di aver adottato tutte le precauzioni necessarie per garantire un ambiente di lavoro pulito e sicuro. Questo include il lavaggio accurato delle mani utilizzando acqua calda e sapone antibatterico per almeno 20 secondi, in modo da eliminare eventuali germi presenti sulla pelle. Inoltre, è consigliabile l'uso di disinfettanti per le mani a base di alcol per una sterilizzazione aggiuntiva.

Durante il trattamento, è importante evitare di toccare il viso, i capelli o altri oggetti non pertinenti al lavoro, in modo da ridurre il rischio di contaminazione incrociata tra il cliente e la postazione di lavoro. Inoltre, è consigliabile indossare abiti puliti e aderenti al corpo, e tenere i capelli legati e lontani dal viso per evitare che cadano accidentalmente sugli strumenti o sui materiali utilizzati durante il trattamento.

Inoltre, è importante evitare di masticare gomme o mangiare durante il trattamento, in quanto ciò potrebbe aumentare il rischio di contaminazione dei materiali e degli strumenti utilizzati. È anche consigliabile evitare di fumare durante il lavoro, poiché il fumo può trasportare particelle di germi e batteri nell'aria, compromettendo così l'igiene dell'ambiente di lavoro.

Infine, è fondamentale rispettare le normative e le linee guida in materia di igiene personale stabilite dalle autorità competenti, e aggiornarsi regolarmente sulle pratiche migliori e sulle ultime raccomandazioni in materia di igiene e sicurezza. Investire tempo ed energia nell'adozione di buone pratiche di igiene personale contribuisce a proteggere la salute del cliente e del tecnico e a garantire risultati di alta qualità.

2. Pulizia e Disinfezione degli Strumenti

La pulizia e la disinfezione degli strumenti sono procedure cruciali nell'ambito dell'onicotecnica, in quanto contribuiscono a prevenire la trasmissione di infezioni da cliente a cliente e a mantenere un ambiente di lavoro sicuro e igienico. È essenziale adottare protocolli accurati per garantire che gli strumenti utilizzati durante i trattamenti di ricostruzione delle unghie siano completamente puliti e sterilizzati.

Prima di utilizzare gli strumenti su un nuovo cliente, è necessario eseguire una rigorosa procedura di pulizia per rimuovere eventuali residui di polvere, sporco o prodotti precedentemente utilizzati. Questo può essere fatto immergendo gli strumenti in una soluzione detergente e utilizzando spazzole o spugne per rimuovere le particelle indesiderate. È importante prestare particolare attenzione alle aree nascoste o difficili da raggiungere degli strumenti, dove i batteri possono accumularsi e proliferare.

Dopo la pulizia iniziale, gli strumenti devono essere sottoposti a un processo di disinfezione per eliminare completamente qualsiasi microrganismo patogeno presente sulla superficie degli strumenti. La disinfezione può essere effettuata utilizzando sostanze chimiche disinfettanti specificamente formulate per questo scopo, come soluzioni a base di alcol o diossido di cloro. Gli strumenti devono essere completamente immersi nella soluzione disinfettante per il tempo raccomandato dal produttore, garantendo così una sterilizzazione efficace.

Dopo la disinfezione, gli strumenti devono essere accuratamente asciugati utilizzando asciugamani puliti o asciugacapelli a bassa temperatura per evitare la formazione di ruggine o danni agli strumenti. È importante conservare gli strumenti in contenitori puliti e chiusi ermeticamente per evitare la contaminazione da parte di batteri o altri agenti patogeni.

Inoltre, è essenziale tenere traccia delle date di scadenza dei disinfettanti e sostituire regolarmente le soluzioni disinfettanti per garantire un'efficace sterilizzazione degli strumenti. È anche consigliabile mantenere un registro dettagliato delle procedure di pulizia e disinfezione degli strumenti per dimostrare la conformità alle normative igieniche e per garantire la sicurezza dei clienti.

Investire tempo ed energia nella pulizia e disinfezione degli strumenti è una pratica indispensabile per ogni professionista dell'onicotecnica, poiché contribuisce a proteggere la salute del cliente e a mantenere elevati standard di igiene e sicurezza nell'ambiente di lavoro.

3. Gestione dei Rifiuti

La gestione dei rifiuti è un aspetto cruciale della pratica dell'onicotecnica, poiché consente di garantire un ambiente di lavoro pulito, sicuro e rispettoso dell'ambiente. Durante i trattamenti di ricostruzione delle unghie, possono essere prodotti diversi tipi di rifiuti, tra cui residui di gel, acrilico, acrigel, limature di unghie e imballaggi di prodotti utilizzati. È fondamentale adottare un approccio responsabile alla gestione dei rifiuti per ridurre l'impatto ambientale e proteggere la salute pubblica.

Prima di iniziare qualsiasi trattamento, è importante avere a disposizione un sistema di raccolta e smaltimento dei rifiuti adeguato e conforme alle normative locali e regionali. Questo può includere l'utilizzo di contenitori separati per i diversi tipi di rifiuti, come plastica, carta e materiali pericolosi, nonché l'identificazione chiara e la segnalazione dei contenitori in conformità con le normative vigenti.

Durante il trattamento, è importante adottare pratiche di riduzione dei rifiuti, come il riciclo dei materiali quando possibile e l'utilizzo di quantità appropriate di prodotti per evitare sprechi eccessivi. Ad esempio, è consigliabile dosare con attenzione la quantità di gel, acrilico o acrigel utilizzata per ogni trattamento e utilizzare solo il necessario per ottenere il risultato desiderato.

Una volta terminato il trattamento, è importante smaltire correttamente i rifiuti in conformità con le normative locali e regionali. Questo può includere il trasporto dei rifiuti in un centro di smaltimento autorizzato o il coordinamento con servizi di raccolta dei rifiuti specializzati nella gestione dei rifiuti pericolosi.

Inoltre, è importante educare i clienti sull'importanza della corretta gestione dei rifiuti e incoraggiarli a partecipare attivamente alla riduzione degli sprechi e al riciclo dei materiali. Ad esempio, è possibile fornire informazioni sui programmi di riciclo locali e consigli su come ridurre l'impatto ambientale delle pratiche di bellezza.

In conclusione, una corretta gestione dei rifiuti è essenziale per garantire un ambiente di lavoro sicuro, pulito e rispettoso dell'ambiente nell'ambito dell'onicotecnica. Adottare pratiche responsabili di gestione dei rifiuti non solo protegge l'ambiente, ma contribuisce anche a promuovere la sostenibilità e la salute pubblica.

4. Utilizzo di Dispositivi di Protezione Individuale (DPI)

Nell'ambito dell'onicotecnica, l'uso appropriato dei Dispositivi di Protezione Individuale (DPI) è essenziale per garantire la sicurezza del tecnico e del cliente durante i trattamenti di ricostruzione delle unghie. I DPI forniscono una barriera efficace contro potenziali rischi per la salute, tra cui esposti a sostanze chimiche, vapori tossici e contaminazioni batteriche. È importante che il tecnico sia ben informato sui diversi tipi di DPI disponibili e sulle situazioni in cui devono essere utilizzati.

Uno dei DPI più comuni nell'onicotecnica sono i guanti monouso in lattice o nitrile. Questi guanti offrono una protezione efficace contro i liquidi e i prodotti chimici utilizzati durante i trattamenti, riducendo il rischio di irritazioni cutanee o allergie. È importante indossare i guanti durante l'intero trattamento e cambiarli regolarmente per evitare la contaminazione incrociata tra i clienti.

Inoltre, è consigliabile l'uso di mascherine respiratorie durante l'applicazione di prodotti come il gel, l'acrilico o l'acrigel, che possono rilasciare vapori tossici durante il processo di polimerizzazione. Le mascherine respiratorie aiutano a proteggere le vie respiratorie del tecnico da irritazioni e danni causati dall'esposizione ai vapori chimici, garantendo un ambiente di lavoro sicuro e salutare.

Altri DPI che possono essere utilizzati durante i trattamenti di ricostruzione delle unghie includono occhiali protettivi per proteggere gli occhi da schizzi accidentali di prodotti chimici o da particelle di limatura, e grembiuli o camici monouso per proteggere i vestiti da macchie e contaminazioni.

È importante che il tecnico sia addestrato sull'uso corretto dei DPI e che segua rigorosamente le linee guida di sicurezza e igiene stabilite dalle autorità competenti. Adottare pratiche di sicurezza efficaci non solo protegge la salute del tecnico e del cliente, ma contribuisce anche a promuovere una reputazione professionale e affidabile nel settore dell'onicotecnica.

5. Procedure di Emergenza

Nell'ambito dell'onicotecnica, è fondamentale essere preparati per affrontare eventuali situazioni di emergenza che possono verificarsi durante i trattamenti di ricostruzione delle unghie. Le procedure di emergenza sono progettate per garantire la sicurezza del tecnico, del cliente e di chiunque si trovi nell'area di lavoro in caso di incidenti o imprevisti. È importante stabilire protocolli chiari e praticare regolarmente le procedure di emergenza per garantire una risposta tempestiva ed efficace in caso di necessità.

Una delle principali procedure di emergenza è la gestione degli incidenti chimici. In caso di contatto accidentale con sostanze chimiche irritanti o corrosive, è importante risciacquare immediatamente la zona interessata con abbondante acqua e consultare immediatamente un medico se necessario. Il tecnico deve essere addestrato sull'identificazione e la gestione dei prodotti chimici utilizzati durante i trattamenti e conoscere le modalità corrette di manipolazione e smaltimento.

Un'altra procedura di emergenza importante è la gestione degli incidenti di taglio o ferita. In caso di tagli accidentali o lesioni durante i trattamenti, è essenziale fermare immediatamente il sanguinamento applicando pressione sulla ferita con un panno pulito o un tampone sterile. Successivamente, la ferita deve essere pulita accuratamente con acqua e sapone e protetta con un cerotto o una medicazione sterile per prevenire infezioni.

È anche importante avere un piano di evacuazione ben definito in caso di emergenza come incendi o perdite di gas. Il personale deve essere addestrato sulle vie di fuga sicure e sui punti di raccolta designati per garantire un'evacuazione ordinata e sicura da parte di tutti coloro che si trovano nell'area di lavoro.

Inoltre, è consigliabile avere a portata di mano una dotazione di pronto soccorso completa e aggiornata che includa tutti gli articoli necessari per la gestione di lesioni comuni. Il pronto soccorso dovrebbe essere facilmente accessibile e il personale dovrebbe essere addestrato sull'uso corretto degli articoli presenti nel kit.

Infine, è importante condurre regolarmente esercitazioni di emergenza per testare l'efficacia delle procedure e garantire che il personale sia adeguatamente preparato per affrontare situazioni di emergenza reali. Praticare le procedure di emergenza può contribuire a ridurre il panico e a garantire una risposta rapida e efficace in caso di necessità.

V. Ricostruzione delle Unghie con Gel: Concetti Fondamentali

1. Introduzione al Gel per Ricostruzione Unghie

Il gel per la ricostruzione delle unghie è diventato uno dei materiali più popolari e versatili nell'ambito dell'onicotecnica, offrendo una vasta gamma di opzioni per creare unghie lunghe, resistenti e naturalmente belle. Questo materiale è stato sviluppato per rispondere alle esigenze dei clienti che desiderano unghie dall'aspetto naturale ma anche resistenti e durevoli.

Una delle caratteristiche distintive del gel è la sua consistenza morbida e modellabile, che consente al tecnico di creare forme e lunghezze personalizzate in base alle preferenze del cliente. Il gel viene applicato in strati sottili e polimerizzato sotto una lampada UV o LED, creando un risultato finale resistente e brillante.

Esistono diversi tipi di gel disponibili sul mercato, ognuno con caratteristiche e proprietà uniche. Ad esempio, il gel base viene utilizzato come strato di base per migliorare l'adesione e la durata del trattamento, mentre il gel di costruzione è progettato per aggiungere spessore e resistenza alle unghie naturali.

L'introduzione al gel per la ricostruzione delle unghie copre anche i diversi gradi di viscosità del gel, che influenzano la facilità di applicazione e la capacità di modellare le unghie. I gel più densi sono ideali per la costruzione di unghie lunghe e resistenti, mentre i gel più fluidi sono utilizzati per la finitura e la lucidatura.

Durante il corso di questo capitolo, esploreremo in dettaglio le diverse tipologie di gel disponibili sul mercato, le loro caratteristiche distintive e le migliori pratiche per l'applicazione e la modellatura. Saranno forniti esempi pratici e istruzioni dettagliate per consentire ai tecnici di acquisire una conoscenza completa e approfondita del gel per la ricostruzione delle unghie.

2. Preparazione dell'Unghia Naturale per l'Applicazione del Gel

La corretta preparazione dell'unghia naturale è un passaggio cruciale per garantire una ricostruzione efficace e duratura con il gel. Una preparazione accurata non solo favorisce l'adesione del gel all'unghia naturale, ma contribuisce anche a prevenire eventuali problemi come sollevamenti o distacchi prematuri.

Il primo passo nella preparazione dell'unghia naturale è la rimozione di eventuali residui di smalto o prodotti per unghie precedenti. È importante assicurarsi che l'unghia sia completamente pulita e priva di qualsiasi traccia di olio o residui di prodotti, poiché anche la più piccola contaminazione può compromettere l'adesione del gel.

Successivamente, è necessario rimuovere delicatamente la cuticola dall'area dell'unghia utilizzando un bastoncino di legno o una spatola per cuticole. Questo passaggio è essenziale per garantire una superficie liscia e uniforme su cui applicare il gel, riducendo al minimo il rischio di sollevamenti o distacchi.

Una volta rimossa la cuticola, è importante limare leggermente la superficie dell'unghia naturale per rimuovere lo strato superficiale opaco e favorire l'adesione del gel. È consigliabile utilizzare una lima a grana fine per non danneggiare l'unghia sottostante e per ottenere una superficie liscia e uniforme.

Dopo la limatura, è necessario disidratare l'unghia utilizzando un deidratante specifico per unghie. Questo passaggio aiuta a rimuovere eventuali residui di olio o umidità dalla superficie dell'unghia, migliorando ulteriormente l'adesione del gel e prolungando la durata del trattamento.

Infine, è consigliabile applicare uno strato sottile di primer sull'unghia naturale. Il primer aiuta a creare un legame chimico tra l'unghia e il gel, migliorando ulteriormente l'adesione e garantendo una maggiore durata del trattamento.

La preparazione accurata dell'unghia naturale è fondamentale per ottenere risultati ottimali nella ricostruzione con il gel. Seguire attentamente questi passaggi garantirà una base solida e duratura su cui applicare il gel, garantendo un risultato finale professionale e resistente nel tempo.

3. Applicazione del Gel: Passaggi Essenziali

L'applicazione del gel per la ricostruzione delle unghie richiede una serie di passaggi essenziali per garantire un risultato finale professionale e duraturo. Seguire attentamente questi passaggi è fondamentale per ottenere unghie naturali, resistenti e dall'aspetto impeccabile.

Il primo passo nell'applicazione del gel è la selezione del tipo e del colore del gel da utilizzare, in base alle preferenze del cliente e al risultato desiderato. È importante scegliere un gel di alta qualità e compatibile con il tipo di unghia e il risultato finale desiderato.

Una volta selezionato il gel, il tecnico deve preparare la postazione di lavoro in modo adeguato, assicurandosi che tutti gli strumenti e i materiali necessari siano a portata di mano e che la lampada UV o LED sia accesa e pronta per l'uso.

Il secondo passo è l'applicazione del gel base sull'unghia naturale, utilizzando un pennello di precisione per distribuire uniformemente il gel su tutta la superficie dell'unghia. Questo strato di base aiuta ad aumentare l'adesione del gel e a prevenire sollevamenti o distacchi prematuri.

Dopo l'applicazione del gel base, il tecnico procede con la costruzione dell'unghia utilizzando il gel di costruzione. Questo gel più spesso e auto-livellante viene applicato in strati sottili e modellato con precisione per creare la forma e la lunghezza desiderate. È importante lavorare con rapidità e precisione durante questo passaggio per evitare che il gel si asciughi prima del completamento della modellatura.

Una volta modellata l'unghia, il tecnico polimerizza il gel sotto
la lampada UV o LED per il tempo necessario. Durante questo
processo, è importante seguire attentamente le istruzioni del
produttore per garantire una polimerizzazione completa e
uniforme del gel.

Infine, il tecnico rifinisce e lucida l'unghia utilizzando una lima
e un buffer per ottenere una superficie liscia e brillante. Questo
passaggio finale contribuisce a perfezionare il risultato finale e
a garantire un aspetto impeccabile delle unghie ricostruite.

Seguire attentamente questi passaggi essenziali durante
l'applicazione del gel garantirà un risultato finale professionale
e duraturo, soddisfacendo le esigenze e le aspettative dei
clienti.

4. Polimerizzazione e Asciugatura del Gel

La polimerizzazione e l'asciugatura del gel sono fasi cruciali
durante il processo di ricostruzione delle unghie. Queste
operazioni assicurano la solidificazione del gel, garantendo la
durabilità e la stabilità della ricostruzione.

Dopo aver modellato l'unghia con il gel, è necessario
polimerizzare il gel sotto una lampada UV o LED. Questo
passaggio è essenziale poiché la polimerizzazione attiva gli
agenti catalizzatori presenti nel gel, facendolo indurire e
solidificare completamente. La lunghezza del tempo di
polimerizzazione dipende dal tipo di gel utilizzato e dalla
potenza della lampada. È importante seguire attentamente le
istruzioni del produttore per garantire una polimerizzazione
efficace e uniforme.

Durante il processo di polimerizzazione, è fondamentale
assicurarsi che il gel venga esposto alla luce UV o LED in
modo uniforme e completo. Una polimerizzazione incompleta
può causare problemi come l'insorgenza di bolle d'aria o la
formazione di strati appiccicosi sulla superficie dell'unghia
ricostruita. Per evitare ciò, è consigliabile ruotare leggermente
le dita del cliente sotto la lampada durante il processo di
polimerizzazione, garantendo così una esposizione uniforme
del gel alla luce.

Una volta completata la polimerizzazione, è importante
verificare attentamente la solidità del gel. Utilizzando un
leggero tocco, il tecnico può assicurarsi che il gel sia
completamente indurito e non presenti alcuna flessibilità o
morbidezza. In caso contrario, è consigliabile ripetere il
processo di polimerizzazione sotto la lampada per il tempo
necessario.

Dopo la polimerizzazione, è possibile procedere con la
rifinitura e la lucidatura dell'unghia ricostruita per ottenere un
aspetto impeccabile e professionale. Una corretta
polimerizzazione del gel è fondamentale per garantire la
durabilità e la stabilità della ricostruzione, fornendo al cliente
un risultato finale di alta qualità e resistente nel tempo.

5. Rifinitura e Lucidatura delle Unghie Ricostruite con Gel

La rifinitura e la lucidatura delle unghie ricostruite con gel sono
fasi cruciali per ottenere un risultato finale impeccabile e
professionale. Queste operazioni consentono di levigare
eventuali asperità, perfezionare la forma dell'unghia e
conferirle un aspetto lucido e brillante.

Per iniziare la rifinitura, è consigliabile utilizzare una lima a grana fine per levigare delicatamente la superficie dell'unghia. Questo passaggio permette di eliminare eventuali irregolarità o sporgenze presenti sul gel, garantendo una superficie liscia e uniforme. È importante lavorare con cautela e precisione, evitando di limare eccessivamente l'unghia per non compromettere la sua struttura.

Successivamente, è possibile utilizzare un buffer per levigare ulteriormente la superficie dell'unghia e renderla ancora più uniforme e levigata. Il buffer, dotato di diverse grane, consente di eliminare eventuali segni lasciati dalla lima e di preparare l'unghia per la fase di lucidatura.

Una volta completata la rifinitura, si passa alla lucidatura dell'unghia per conferirle un aspetto brillante e lucente. Per questo scopo, è possibile utilizzare un buffer lucidante o un blocco lucidante appositamente progettato per il gel. Con movimenti delicati e circolari, si procede a lucidare la superficie dell'unghia fino a ottenere il livello desiderato di brillantezza e lucentezza.

Durante la fase di lucidatura, è importante prestare attenzione alla pressione esercitata sul buffer per evitare di danneggiare il gel o di creare graffi sulla superficie dell'unghia. È consigliabile lavorare con leggerezza e precisione, assicurandosi di coprire uniformemente l'intera superficie dell'unghia per un risultato omogeneo e professionale.

Una volta completata la lucidatura, l'unghia ricostruita con gel sarà pronta per essere mostrata al cliente, offrendo un aspetto impeccabile e luminoso che soddisferà le sue aspettative estetiche.

VI. Preparazione dell'Unghia Naturale per la Ricostruzione con Gel

1. Valutazione dello stato dell'unghia naturale

La valutazione dello stato dell'unghia naturale è il primo passo fondamentale nella preparazione per la ricostruzione con gel. Prima di iniziare qualsiasi procedura, è essenziale esaminare attentamente l'unghia per determinare le sue condizioni attuali e individuare eventuali problemi o anomalie.

Durante questa fase di valutazione, è importante osservare diversi aspetti dell'unghia, tra cui la sua forma, lunghezza, spessore e integrità strutturale. Si devono esaminare anche eventuali danni, rotture o deformità presenti sull'unghia, che potrebbero influenzare il processo di ricostruzione.

Inoltre, è essenziale valutare lo stato della cuticola e della pelle circostante per identificare eventuali segni di infiammazione, irritazione o infezione. È importante prestare particolare attenzione alla presenza di segni di infezioni fungine o batteriche, che potrebbero richiedere un trattamento specifico prima di procedere con la ricostruzione.

Durante la valutazione dell'unghia naturale, è consigliabile anche discutere con il cliente le sue esigenze, preferenze e aspettative riguardo alla ricostruzione. Questo permette di personalizzare il trattamento in base alle specifiche necessità del cliente e garantire risultati soddisfacenti.

In conclusione, la valutazione dello stato dell'unghia naturale costituisce un passaggio cruciale nella preparazione per la ricostruzione con gel, consentendo di identificare eventuali problematiche e pianificare un intervento mirato e personalizzato. Un'attenta valutazione iniziale contribuisce a garantire la sicurezza, l'efficacia e la soddisfazione del trattamento per entrambe le parti coinvolte.

2. Rimozione del residuo di smalto e pulizia dell'unghia

La rimozione del residuo di smalto e la pulizia dell'unghia rappresentano due fasi cruciali nella preparazione dell'unghia naturale prima della ricostruzione con gel. Questo processo richiede una cura particolare e una serie di passaggi attentamente eseguiti per garantire una superficie pulita e priva di impurità, favorendo così l'adesione ottimale del gel e la durata della ricostruzione.

Innanzitutto, è necessario rimuovere completamente ogni residuo di smalto presente sull'unghia utilizzando un solvente specifico per smalti. Questo prodotto, applicato con un batuffolo di cotone, agisce efficacemente sulla rimozione dello smalto senza danneggiare l'unghia naturale. È importante prestare attenzione ai dettagli e assicurarsi di eliminare completamente ogni traccia di colore, specialmente lungo il bordo libero dell'unghia e lungo la cuticola.

Una volta rimosso lo smalto, si passa alla fase di pulizia dell'unghia. Questo processo coinvolge l'uso di un detergente delicato o un disinfettante specifico per unghie, che aiuta a rimuovere residui di grasso, oli e altre impurità dalla superficie dell'unghia. Questo passaggio è fondamentale per garantire un'adesione ottimale del gel e prevenire la formazione di bolle d'aria o sollevamenti durante la ricostruzione.

Dopo aver applicato il detergente o il disinfettante, si consiglia di utilizzare un pennello o un bastoncino di legno per unghie per pulire accuratamente sotto il bordo libero dell'unghia e lungo la cuticola, rimuovendo eventuali residui di smalto o sporco rimasti. Questo assicura una superficie completamente pulita e preparata per l'applicazione del gel.

In conclusione, la rimozione del residuo di smalto e la pulizia dell'unghia sono passaggi fondamentali nella preparazione per la ricostruzione con gel, che garantiscono una superficie pulita e priva di impurità per un'applicazione ottimale del gel. Prestare attenzione a questi dettagli contribuirà a ottenere risultati professionali e duraturi.

3. Rimozione delle cuticole e preparazione del letto ungueale

La rimozione delle cuticole e la preparazione del letto ungueale sono due step essenziali nella procedura di ricostruzione delle unghie con gel. Questi processi mirano a creare una superficie di lavoro ottimale, libera da ostacoli e pronta ad accogliere il gel in modo uniforme e duraturo.

Per rimuovere le cuticole in modo efficace e sicuro, è consigliabile utilizzare un solvente o un ammollo specifico per le cuticole, che ammorbidisce e facilita la rimozione delle cuticole stesse. Si può anche optare per un gel o una crema cuticola morbida, che può essere massaggiata delicatamente sulle cuticole per ammorbidirle ulteriormente. Successivamente, con l'ausilio di un bastoncino di legno o di un'apposita spatola per cuticole, si spinge delicatamente la cuticola verso il letto ungueale, rimuovendo delicatamente l'eccesso di tessuto cutaneo in eccesso. È fondamentale lavorare con estrema delicatezza per evitare traumi o lesioni alla pelle circostante.

Dopo aver completato la rimozione delle cuticole, si procede con la preparazione del letto ungueale. Questo passaggio implica l'utilizzo di una fresa o di una lima a grana fine per rimuovere eventuali imperfezioni dalla superficie dell'unghia naturale e per uniformare il letto ungueale. Questo processo non solo contribuisce a garantire una superficie liscia e uniforme per l'applicazione del gel, ma aiuta anche a migliorare l'adesione e la durata della ricostruzione. È importante lavorare con delicatezza e precisione per evitare danni all'unghia naturale e per ottenere risultati ottimali.

In conclusione, la rimozione delle cuticole e la preparazione del letto ungueale sono due passaggi critici nella preparazione dell'unghia naturale per la ricostruzione con gel. Seguendo attentamente queste procedure e lavorando con cura e precisione, si può garantire una base solida e duratura per una ricostruzione unghie di qualità.

4. Levigatura della superficie dell'unghia naturale

La levigatura della superficie dell'unghia naturale è un passaggio cruciale nel processo di preparazione per la ricostruzione con gel. Questo procedimento mira a creare una superficie uniforme, priva di irregolarità e di eventuali imperfezioni che potrebbero compromettere l'adesione e la durata della ricostruzione.

Per effettuare correttamente la levigatura, è fondamentale utilizzare una lima di buona qualità con una grana adatta alla fase di preparazione dell'unghia. È consigliabile optare per una lima a grana medio-fine, che consente di levigare la superficie in modo efficace senza danneggiare l'unghia naturale.

Prima di iniziare la levigatura, è importante assicurarsi che l'unghia sia pulita e priva di qualsiasi residuo di smalto o di olii. Una volta verificato ciò, si può procedere con movimenti delicati e controllati, lavorando in modo uniforme su tutta la superficie dell'unghia. È consigliabile levigare l'unghia in direzione dal bordo libero verso la cuticola, mantenendo un angolo costante per evitare di danneggiare il letto ungueale.

Durante la levigatura, è importante prestare attenzione alle zone laterali dell'unghia e alle eventuali zone rugose o irregolari. Queste aree potrebbero richiedere una maggiore attenzione e una levigatura più mirata per garantire una superficie completamente liscia e uniforme.

Una volta completata la levigatura, è consigliabile rimuovere eventuali residui di polvere o detriti con un pennello morbido per garantire una superficie pulita e pronta per l'applicazione del gel. Questo passaggio è essenziale per ottenere risultati ottimali e una ricostruzione unghie di qualità.

In conclusione, la levigatura della superficie dell'unghia naturale è un passaggio fondamentale nella preparazione per la ricostruzione con gel. Seguendo attentamente le procedure e lavorando con cura e precisione, è possibile garantire una base solida e duratura per una ricostruzione unghie impeccabile.

5. Deidratazione e applicazione del primer

La deidratazione e l'applicazione del primer sono due passaggi essenziali nella preparazione dell'unghia naturale prima della ricostruzione con gel. Questi processi preparano l'unghia, garantendo un'adesione ottimale del gel e una maggiore durata della ricostruzione.

La deidratazione dell'unghia è un passaggio cruciale che consente di eliminare qualsiasi residuo di olii, grassi o umidità dalla superficie dell'unghia. Questo processo è fondamentale per garantire un'adesione perfetta del gel e per evitare sollevamenti o distacchi prematuri. Per deidratare correttamente l'unghia, si utilizza un prodotto specifico, solitamente a base di alcool isopropilico, che agisce efficacemente nel rimuovere ogni traccia di umidità.

Dopo la deidratazione, si procede con l'applicazione del primer, un prodotto chimico progettato per promuovere l'adesione del gel all'unghia naturale. Il primer viene applicato con cura sulla superficie dell'unghia, evitando il contatto con la pelle circostante. È importante applicare il primer solo sul letto ungueale e evitare che entri in contatto con la cuticola o la pelle circostante per evitare irritazioni o reazioni indesiderate.

Una volta applicato il primer, è necessario lasciarlo asciugare completamente prima di procedere con l'applicazione del gel. Questo assicura che il primer abbia il tempo di aderire saldamente all'unghia, creando una base solida e resistente per il gel.

In conclusione, la deidratazione e l'applicazione del primer sono due passaggi cruciali nella preparazione dell'unghia naturale per la ricostruzione con gel. Seguendo attentamente le procedure e lavorando con cura e precisione, è possibile garantire una base solida e duratura per una ricostruzione unghie impeccabile.

VII. Applicazione del Gel: Passaggi Fondamentali

1. Preparazione dell'Unghia Naturale

La preparazione accurata dell'unghia naturale è un passo fondamentale per garantire una ricostruzione efficace e duratura. Prima di iniziare qualsiasi procedura di ricostruzione con gel, acrilico o acrigel, è essenziale garantire che l'unghia naturale sia pulita, sana e pronta ad accogliere il materiale ricostruttivo.

Il primo passo nella preparazione dell'unghia naturale è rimuovere eventuali residui di smalto presenti sulla superficie dell'unghia. È importante assicurarsi che l'unghia sia completamente priva di smalto per garantire un'adesione ottimale del materiale ricostruttivo.

Successivamente, si procede con la rimozione delle cuticole e la pulizia del letto ungueale. Le cuticole in eccesso possono interferire con l'applicazione uniforme del gel o dell'acrilico e compromettere la durata del trattamento. Utilizzando uno strumento apposito e seguendo le tecniche appropriate, le cuticole vengono delicatamente spinte e tagliate, lasciando il letto ungueale pulito e libero da residui.

Una volta completata la rimozione delle cuticole, è importante procedere con la levigatura della superficie dell'unghia naturale. Questo passaggio permette di creare una superficie leggermente ruvida che favorisce l'adesione del gel o dell'acrilico. Utilizzando una lima a grana fine, si leviga delicatamente l'unghia, evitando di danneggiare il letto ungueale sottostante.

Infine, prima dell'applicazione del primer, è essenziale deidratare l'unghia naturale per eliminare eventuali residui di grasso o umidità che potrebbero compromettere l'adesione del gel. Questo passaggio assicura una migliore aderenza del materiale ricostruttivo e contribuisce a garantire la durata del trattamento.

In sintesi, la preparazione dell'unghia naturale è un processo dettagliato che richiede attenzione e precisione. Seguendo i passaggi corretti e utilizzando gli strumenti appropriati, è possibile garantire una base solida per una ricostruzione unghie di alta qualità.

2. Applicazione del Primer

L'applicazione del primer è un passaggio cruciale nella preparazione dell'unghia naturale prima della ricostruzione con gel, acrilico o acrigel. Il primer è un prodotto chimico progettato per migliorare l'adesione del materiale ricostruttivo all'unghia naturale, garantendo una maggiore durata del trattamento e riducendo il rischio di sollevamento o distacco del prodotto.

Prima di applicare il primer, è importante assicurarsi che l'unghia sia pulita e priva di residui di smalto, olio o altre sostanze che potrebbero compromettere l'adesione del gel o dell'acrilico. Utilizzando un detergente specifico, si pulisce accuratamente l'unghia, assicurandosi di rimuovere qualsiasi residuo e di lasciare la superficie completamente asciutta.

Una volta che l'unghia è stata preparata, si procede con l'applicazione del primer. Il primer è generalmente disponibile in forma liquida e viene applicato con un pennello sottile sulla superficie dell'unghia naturale. È importante applicare il primer con attenzione, evitando il contatto con la pelle circostante o le cuticole, in quanto potrebbe causare irritazioni o reazioni allergiche.

Dopo aver applicato il primer, è necessario lasciarlo asciugare completamente prima di procedere con l'applicazione del gel, dell'acrilico o dell'acrigel. Questo tempo di asciugatura consente al primer di creare un legame forte e duraturo con l'unghia naturale, garantendo un'adesione ottimale del materiale ricostruttivo.

In conclusione, l'applicazione del primer è un passaggio critico nella preparazione dell'unghia naturale per la ricostruzione. Seguendo le tecniche corrette e utilizzando il primer in modo appropriato, è possibile garantire una base solida e duratura per una ricostruzione unghie di qualità.

3. Selezione del Gel e Preparazione

La selezione del gel per la ricostruzione delle unghie è un passaggio cruciale che richiede attenzione e considerazione. Esistono diversi tipi di gel disponibili sul mercato, ognuno con caratteristiche uniche e specifiche di utilizzo. Prima di procedere con l'applicazione, è importante comprendere le differenze tra i vari tipi di gel e scegliere quello più adatto alle esigenze del cliente e al risultato desiderato.

Innanzitutto, è necessario valutare la consistenza del gel, che può variare da densa a fluida. I gel più densi sono ideali per la costruzione di unghie più lunghe e resistenti, mentre quelli più fluidi sono adatti per una copertura più sottile e naturale. La scelta della consistenza dipende dall'effetto desiderato e dalla tecnica di applicazione preferita.

Oltre alla consistenza, è importante considerare anche il tipo di gel in base alle esigenze del cliente. Ad esempio, esistono gel monofasici, che possono essere utilizzati per costruire l'intera unghia in un'unica fase, e gel bifasici, che richiedono l'applicazione di uno strato base e uno strato di finitura separati. La scelta tra questi dipende dalle preferenze personali del cliente e dalla complessità del lavoro da eseguire.

Una volta selezionato il tipo e la consistenza del gel, è fondamentale prepararlo correttamente prima dell'applicazione. Questo può includere mescolare il gel per garantire una distribuzione uniforme degli ingredienti, o utilizzare un primer specifico per migliorare l'adesione del gel all'unghia naturale. Inoltre, è importante assicurarsi che il gel sia a temperatura ambiente e che gli strumenti utilizzati siano puliti e sterilizzati per evitare contaminazioni e infezioni.

In conclusione, la selezione e la preparazione del gel sono passaggi cruciali nella ricostruzione delle unghie. Comprendere le caratteristiche dei diversi tipi di gel e seguire le procedure corrette di preparazione garantirà un risultato ottimale e soddisfacente per il cliente.

4. Tecnica di Applicazione del Gel

La tecnica di applicazione del gel richiede precisione e maestria per ottenere risultati professionali e duraturi. Prima di iniziare, assicurati di avere a portata di mano tutti gli strumenti e i materiali necessari, e prepara la postazione di lavoro in modo adeguato.

Per cominciare, esegui una valutazione dell'unghia naturale del cliente per identificare eventuali problemi o imperfezioni. Rimuovi il residuo di smalto e pulisci accuratamente l'unghia con un detergente delicato per garantire una buona adesione del gel.

Successivamente, prepara il letto ungueale rimuovendo le cuticole in eccesso con un cutter o uno spingicuticole. Assicurati di lavorare con delicatezza per evitare lesioni o irritazioni alla pelle.

Una volta preparata l'unghia, passa alla fase di applicazione del primer. Applica il primer sulla superficie dell'unghia naturale, evitando il contatto con la pelle circostante. Il primer aiuta a migliorare l'adesione del gel all'unghia, garantendo una maggiore durata del trattamento.

A questo punto, sei pronto per applicare il gel. Utilizza un pennello per gel per prelevare una piccola quantità di prodotto e stendilo uniformemente sull'unghia, partendo dalla base e procedendo verso l'estremità libera. Assicurati di distribuire il gel in modo uniforme e di evitare grumi o accumuli di prodotto.

Una volta applicato il gel, utilizza una lampada UV o LED per polimerizzare il gel e fissarlo sull'unghia. Segui attentamente i tempi di polimerizzazione consigliati dal produttore del gel per garantire un'asciugatura completa e una durata ottimale del trattamento.

Infine, rifinisci e lucida l'unghia ricostruita con gel per ottenere un risultato impeccabile. Utilizza una lima per modellare la forma dell'unghia e per levigare eventuali imperfezioni. Applica infine uno strato di top coat per proteggere il gel e conferire un effetto lucido e brillante.

Seguendo attentamente questi passaggi e praticando con costanza, sarai in grado di padroneggiare la tecnica di applicazione del gel e offrire trattamenti di alta qualità ai tuoi clienti.

5. Asciugatura e Polimerizzazione

Dopo aver applicato il gel sull'unghia, è fondamentale assicurarsi che avvenga una corretta asciugatura e polimerizzazione per garantire la durata e la resistenza del trattamento. Questo processo è essenziale per fissare il gel sull'unghia in modo sicuro e per evitare eventuali danni o sollevamenti prematuri.

Per prima cosa, assicurati di utilizzare una lampada UV o LED di alta qualità, in grado di garantire una polimerizzazione efficace e uniforme del gel. Prima di avviare il processo di asciugatura, verifica che la lampada sia in perfette condizioni e che i tempi di polimerizzazione siano correttamente impostati in base alle indicazioni del produttore del gel.

Una volta posizionata l'unghia all'interno della lampada, avvia il ciclo di asciugatura e polimerizzazione e segui attentamente i tempi consigliati. Durante questo processo, è importante che il gel venga esposto alla luce UV o LED per il tempo necessario per garantire una completa catalizzazione e indurimento del materiale.

Durante la polimerizzazione, presta particolare attenzione a evitare movimenti bruschi o sbalzi di temperatura, che potrebbero compromettere il risultato finale. Mantieni l'unghia all'interno della lampada per l'intera durata del ciclo di asciugatura e assicurati che ogni parte del gel sia esposta uniformemente alla luce.

Una volta completata la polimerizzazione, verifica che il gel sia completamente indurito toccandolo delicatamente con un dito. Se il gel risulta ancora morbido o appiccicoso, ripeti il processo di asciugatura per un tempo aggiuntivo fino a quando non ottieni una consistenza solida e resistente.

Infine, rimuovi eventuali residui di dispersione superficiale con un batuffolo di cotone imbevuto di cleanser e procedi con la fase di rifinitura e lucidatura dell'unghia ricostruita. Seguendo attentamente questi passaggi, sarai in grado di ottenere risultati professionali e duraturi nella ricostruzione delle unghie con gel.

6. Rifinitura e Lucidatura

Dopo aver completato il processo di polimerizzazione del gel, è fondamentale dedicare attenzione alla fase di rifinitura e lucidatura per ottenere un risultato finale impeccabile e professionale. Questa fase permette di levigare eventuali irregolarità sulla superficie dell'unghia ricostruita, garantendo una finitura uniforme e brillante.

Per iniziare la rifinitura, utilizza un buffer a grana fine per levigare delicatamente la superficie del gel. Muovi il buffer con movimenti delicati e circolari, facendo attenzione a non esercitare troppa pressione per evitare danni alla struttura dell'unghia. Questo passaggio è essenziale per eliminare eventuali asperità, piccoli rigonfiamenti o residui di gel in eccesso.

Dopo aver levigato la superficie, procedi con l'applicazione di uno smalto top coat trasparente per proteggere il gel e conferire brillantezza all'unghia ricostruita. Assicurati di stendere lo smalto in uno strato uniforme e sottile, evitando eccessi che potrebbero compromettere la durata del trattamento.

Una volta applicato lo smalto top coat, è possibile procedere con la fase di lucidatura per ottenere una finitura brillante e professionale. Utilizza un buffer lucidante o una lima lucidante per levigare delicatamente la superficie dello smalto, conferendo un finish lucido e lucente all'unghia ricostruita.

Durante la lucidatura, presta particolare attenzione a mantenere un movimento costante e uniforme, evitando di esercitare troppa pressione sulla superficie dell'unghia. Questo passaggio finale è essenziale per ottenere una finitura impeccabile e duratura, che valorizzi al meglio il lavoro di ricostruzione con gel.

Infine, completa la rifinitura e lucidatura con l'applicazione di un olio nutriente per cuticole sul contorno dell'unghia, idratando e rinforzando la pelle circostante. Questo contribuirà a mantenere la salute e la bellezza delle unghie ricostruite nel tempo, garantendo risultati duraturi e soddisfacenti.

VIII. Tecniche Avanzate per la Ricostruzione con Gel

1. Utilizzo dei Tip e delle Forme per la Ricostruzione

L'uso dei tip e delle forme nella ricostruzione delle unghie è una pratica fondamentale per gli artisti delle unghie professionisti. I tip, che possono essere in plastica o in resina, sono estensioni prefabbricate che vengono applicate all'estremità dell'unghia naturale per creare una lunghezza aggiuntiva. Le forme, d'altra parte, sono fogli di carta adesiva o plastica che vengono modellati intorno all'estremità dell'unghia per creare una forma personalizzata prima di applicare il gel o l'acrilico.

L'utilizzo dei tip offre una soluzione rapida per l'allungamento delle unghie, consentendo agli artisti delle unghie di creare lunghezze uniformi e consistenti senza dover dipendere dalla lunghezza naturale delle unghie dei clienti. Questo metodo è particolarmente utile per i clienti che hanno unghie corte o danneggiate e desiderano un aspetto più lungo e più elegante.

D'altra parte, l'uso delle forme permette una maggiore personalizzazione, consentendo agli artisti delle unghie di modellare le unghie in base alle preferenze dei clienti e alla loro anatomia ungueale specifica. Le forme offrono anche una maggiore flessibilità nel creare diverse forme di unghie, come le punte stile coffin o le unghie a mandorla.

Indipendentemente dal metodo scelto, sia i tip che le forme richiedono una pratica accurata e una conoscenza approfondita delle tecniche di applicazione per garantire risultati di alta qualità. Gli artisti delle unghie devono essere in grado di selezionare la giusta dimensione e forma dei tip, nonché di posizionarli correttamente sull'unghia naturale. Allo stesso modo, devono essere in grado di modellare le forme in modo da ottenere una superficie uniforme e liscia prima di applicare il gel o l'acrilico.

Inoltre, è essenziale che gli artisti delle unghie comprendano come rimuovere correttamente i tip e le forme senza danneggiare l'unghia naturale sottostante. Una rimozione impropria potrebbe portare a danni all'unghia naturale, compromettendo la salute e l'integrità complessiva delle unghie del cliente.

In conclusione, l'uso dei tip e delle forme è una pratica chiave nella ricostruzione delle unghie con gel o acrilico. Con la giusta conoscenza e pratica, gli artisti delle unghie possono utilizzare efficacemente questi strumenti per creare risultati sorprendenti e soddisfare le esigenze estetiche dei loro clienti.

2. Tecniche di Allungamento con Gel: Dual Form e Reverse Technique

Le tecniche di allungamento con gel offrono agli artisti delle unghie una vasta gamma di opzioni per creare unghie lunghe e perfettamente modellate. Due delle tecniche più popolari sono l'uso delle Dual Form e la Reverse Technique.

Le Dual Form sono strumenti innovativi che consentono agli artisti delle unghie di creare facilmente unghie con una forma uniforme e una lunghezza precisa. Queste forme sono preformate con una curva naturale e un bordo libero, il che le rende ideali per la creazione di unghie a punta, mandorla o squadrata. Per utilizzare le Dual Form, l'artista applica il gel sulla forma e la posiziona sull'unghia naturale, modellando e livellando il gel secondo la forma desiderata. Una volta indurito il gel sotto la lampada UV o LED, la Dual Form può essere rimossa per rivelare unghie perfettamente modellate e pronte per la finitura.

La Reverse Technique è un'altra tecnica avanzata che consente agli artisti delle unghie di creare unghie lunghe e sottili con un aspetto naturale. In questa tecnica, anziché applicare il gel sulla punta dell'unghia, l'artista stende il gel sulla parte inferiore dell'unghia naturale, vicino al letto ungueale. Utilizzando un pennello sottile e preciso, il gel viene modellato e spinto verso l'estremità dell'unghia, creando un'allungamento graduale e una forma naturale. Una volta raggiunta la lunghezza desiderata, il gel viene indurito sotto la lampada UV o LED e rifinito per ottenere un aspetto impeccabile.

Entrambe queste tecniche richiedono pratica e abilità per essere eseguite con successo, ma una volta padroneggiate, offrono risultati sorprendenti e duraturi. Gli artisti delle unghie dovrebbero sperimentare con entrambe le tecniche per determinare quale si adatta meglio alle loro preferenze e alle esigenze dei loro clienti.

Inoltre, è importante che gli artisti delle unghie comprendano le precauzioni da prendere durante l'applicazione del gel e l'uso delle diverse tecniche. Una corretta preparazione dell'unghia naturale, l'uso di prodotti di alta qualità e l'attenzione ai dettagli sono fondamentali per ottenere risultati ottimali e garantire la soddisfazione del cliente.

In conclusione, le tecniche di allungamento con gel come le Dual Form e la Reverse Technique offrono agli artisti delle unghie una gamma di opzioni per creare unghie lunghe e perfettamente modellate. Con la pratica e la conoscenza adeguata, è possibile ottenere risultati sorprendenti e soddisfare le esigenze estetiche dei clienti più esigenti.

3. Ricostruzione con Gel su Unghie Morbide o Danneggiate

La ricostruzione con gel su unghie morbide o danneggiate richiede una particolare attenzione e un approccio mirato per garantire risultati ottimali e duraturi. Le unghie morbide possono essere il risultato di vari fattori, tra cui l'umidità e l'assorbimento di acqua, l'uso eccessivo di prodotti chimici, o condizioni come l'onicolisi. Inoltre, le unghie danneggiate possono presentare crepe, scheggiature o irregolarità nella superficie, rendendo la ricostruzione un'operazione delicata ma essenziale per ripristinare l'aspetto e la salute delle unghie.

Per affrontare efficacemente la ricostruzione con gel su unghie morbide o danneggiate, è importante seguire una serie di passaggi chiave. In primo luogo, è essenziale valutare attentamente lo stato delle unghie per identificare eventuali problemi o condizioni che potrebbero influenzare il processo di ricostruzione. Questa valutazione dovrebbe includere un esame visivo delle unghie, nonché una discussione con il cliente per comprendere la storia delle unghie e qualsiasi problema di salute o trattamento precedentemente ricevuto.

Una volta valutate le condizioni delle unghie, è importante preparare accuratamente la superficie per l'applicazione del gel. Questo può includere la rimozione delicata del residuo di smalto, la pulizia dell'unghia e la rimozione delle cuticole. Inoltre, potrebbe essere necessario levigare leggermente la superficie dell'unghia per eliminare eventuali irregolarità o protuberanze che potrebbero interferire con l'applicazione uniforme del gel.

Dopo la preparazione dell'unghia, è fondamentale selezionare il gel più adatto per le esigenze del cliente e la condizione delle unghie. Esistono diversi tipi di gel disponibili, ognuno con caratteristiche e proprietà uniche. Ad esempio, i gel di costruzione sono ideali per rinforzare unghie deboli o danneggiate, mentre i gel di finitura offrono una finitura lucida e duratura.

Una volta scelto il gel appropriato, è necessario applicarlo con precisione e attenzione, assicurandosi di coprire uniformemente l'intera superficie dell'unghia e modellare il gel secondo la forma desiderata. Durante l'applicazione, è importante evitare l'eccesso di gel e assicurarsi di lavorare in strati sottili per garantire una migliore aderenza e una finitura più naturale.

Infine, è essenziale curare correttamente il gel sotto una lampada UV o LED per garantire una polimerizzazione completa e una durata ottimale del prodotto. Dopo l'asciugatura, è possibile procedere con la rifinitura e la lucidatura delle unghie per ottenere un risultato impeccabile e soddisfare le esigenze estetiche del cliente.

4. Creazione di Effetti Speciali e Decorazioni con Gel

La creazione di effetti speciali e decorazioni con il gel offre un'ampia gamma di possibilità creative per arricchire le ricostruzioni unghie. Tra le tecniche più popolari vi è l'utilizzo di colori, glitter, strass e altri elementi decorativi per aggiungere stile e personalità alle unghie ricostruite.

Per iniziare, è importante avere a disposizione una varietà di gel colorati e glitter di diversi tipi e dimensioni, così da poter sperimentare con diverse combinazioni e stili. Prima di applicare il gel decorativo, assicurarsi che lo strato base sia stato completamente polimerizzato e che la superficie dell'unghia sia stata preparata correttamente.

Una delle tecniche più comuni per creare effetti speciali è l'incorporazione di glitter direttamente nel gel, sia trasparente che colorato, per ottenere un effetto brillante e scintillante. È possibile anche utilizzare pennelli sottili per disegnare motivi o creare sfumature utilizzando più colori di gel.

Inoltre, l'applicazione di strass e perline può aggiungere un tocco di eleganza e glamour alle unghie. Questi elementi possono essere posizionati sulle unghie utilizzando un bastoncino di arancio o una pinzetta per nail art, e quindi fissati con uno strato di gel trasparente.

È importante esercitare una certa precisione e attenzione ai dettagli durante il processo di decorazione, in modo da ottenere risultati puliti e professionali. Praticare regolarmente e sperimentare con diverse tecniche aiuterà a migliorare le proprie abilità e a sviluppare uno stile unico e distintivo.

Infine, dopo aver completato la decorazione, assicurarsi di sigillare il tutto con uno strato di gel top coat per garantire una lunga durata e un aspetto lucido e rifinito.

5. Applicazione del Gel su Unghie con Curve C e Tunnel

L'applicazione del gel su unghie con curve C e tunnel richiede una particolare attenzione e competenza per garantire una ricostruzione uniforme e duratura. Le unghie con curve pronunciate o con tunnel possono presentare sfide aggiuntive durante il processo di applicazione del gel, ma con le giuste tecniche è possibile ottenere risultati eccellenti.

Per iniziare, è importante valutare attentamente la forma e la struttura dell'unghia naturale prima di iniziare la ricostruzione. Le unghie con curve C o tunnel possono richiedere una preparazione aggiuntiva per livellare la superficie e creare una base uniforme per l'applicazione del gel.

Durante la preparazione dell'unghia, utilizzare una lima per uniformare eventuali irregolarità e creare una superficie liscia e uniforme. È importante rimuovere eventuali protuberanze o creste per evitare che il gel si accumuli e crei spessori indesiderati.

Successivamente, selezionare il gel adatto per il tipo di unghia e la curva specifica. I gel più spessi possono essere utilizzati per riempire i tunnel e creare una superficie più uniforme, mentre i gel più fluidi sono ideali per adattarsi alle curve naturali dell'unghia.

Durante l'applicazione del gel, lavorare con movimenti fluidi e precisi per distribuire uniformemente il prodotto lungo l'intera superficie dell'unghia. È importante lavorare in strati sottili e aggiungere gel solo dove necessario per evitare un'eccessiva costruzione eccessiva che potrebbe compromettere la durata e la resistenza della ricostruzione.

Una volta applicato il gel, è possibile modellare e definire ulteriormente la forma utilizzando un pennello per gel e un liquido monomerico o isopropilico per lisciare e livellare la superficie. Assicurarsi di lavorare con precisione e attenzione ai dettagli per ottenere una forma impeccabile e una superficie uniforme.

Infine, asciugare accuratamente il gel utilizzando una lampada UV o LED per garantire una polimerizzazione completa e una durata ottimale della ricostruzione. Verificare che il gel sia completamente indurito prima di procedere con la rifinitura e la lucidatura delle unghie.

In conclusione, l'applicazione del gel su unghie con curve C e tunnel richiede una combinazione di abilità, attenzione ai dettagli e una corretta preparazione per ottenere risultati professionali e duraturi. Con la pratica e la padronanza delle tecniche appropriate, è possibile creare ricostruzioni di alta qualità su qualsiasi tipo di unghia.

6. Rimozione Sicura e Corretta del Gel

La rimozione sicura e corretta del gel è un passaggio fondamentale per garantire la salute e l'integrità delle unghie naturali dopo la ricostruzione. Una rimozione impropria o aggressiva può danneggiare la lamina ungueale e causare indebolimento o rottura delle unghie. Ecco alcuni consigli e tecniche per rimuovere il gel in modo sicuro ed efficace.

Innanzitutto, è importante utilizzare strumenti e prodotti appositamente progettati per la rimozione del gel, come solventi specifici o wrap per unghie. Evitare l'uso di strumenti metallici o abrasivi che potrebbero danneggiare la superficie dell'unghia.

Prima di iniziare la rimozione, preparare l'area di lavoro e proteggere la pelle circostante con olio cuticola o crema idratante per prevenire l'irritazione o la secchezza.

Per rimuovere il gel, inumidire un batuffolo di cotone con solvente per gel e avvolgerlo intorno all'unghia. Utilizzare wrap per unghie o fogli di alluminio per fissare il cotone e garantire un'applicazione uniforme del solvente.

Lasciare agire il solvente per alcuni minuti per ammorbidire il gel e facilitarne la rimozione. È importante evitare di forzare o tirare il gel, poiché ciò potrebbe danneggiare l'unghia naturale.

Dopo aver lasciato agire il solvente, rimuovere il cotone e utilizzare uno spingipelle o uno strumento di legno per delicatamente sollevare il gel dalla superficie dell'unghia. Se il gel non si stacca facilmente, ripetere il processo di ammollo con il solvente e lasciare agire per un po' più a lungo.

Una volta rimosso tutto il gel, utilizzare una lima morbida per levigare eventuali residui o imperfezioni sulla superficie dell'unghia. Evitare di limare troppo aggressivamente per non danneggiare lo strato superiore dell'unghia.

Infine, idratare e nutrire le unghie e le cuticole con olio cuticola o crema idratante per ripristinare l'idratazione e la flessibilità dopo la rimozione del gel.

Ricordare che una rimozione delicata e accurata del gel è essenziale per mantenere la salute e la bellezza delle unghie naturali. Con una corretta tecnica e attenzione ai dettagli, è possibile rimuovere il gel in modo sicuro ed efficace, preparandosi per la successiva ricostruzione o manutenzione delle unghie.

7. Risoluzione dei Problemi Comuni durante la Ricostruzione con Gel

Durante la ricostruzione con gel, è possibile incontrare una serie di problemi comuni che richiedono una soluzione tempestiva e accurata per garantire risultati ottimali. Ecco alcuni dei problemi più frequenti e le relative soluzioni:

1. **Formazione di Bolle d'Aria:** Le bolle d'aria possono formarsi durante l'applicazione del gel, compromettendo l'aspetto finale e la durata della ricostruzione. Per prevenire questo problema, è fondamentale applicare il gel in strati sottili e uniformi, evitando di intrappolare aria tra il gel e l'unghia naturale. Inoltre, è possibile utilizzare uno strumento apposito, come un pennello o uno spingipelle, per spingere via eventuali bolle d'aria durante l'applicazione.

2. **Sgraffignatura o Sollevamento del Gel:** Se il gel si sgraffigna o si solleva dalle estremità dell'unghia, potrebbe essere dovuto a una scarsa adesione o a un'applicazione non corretta. Per risolvere questo problema, assicurarsi di preparare accuratamente l'unghia naturale, rimuovendo completamente l'umidità e la cuticola. Applicare il gel in strati sottili e sigillare bene i bordi dell'unghia per evitare il sollevamento.

3. **Incoronamento o Formazione di Curve C:** In alcuni casi, il gel potrebbe tendere a formare curve o incoronamenti indesiderati sull'unghia. Per correggere questa situazione, è importante limare accuratamente la superficie dell'unghia durante la ricostruzione, assicurandosi di mantenere una forma naturale e uniforme. Inoltre, è possibile utilizzare tecniche di modellazione specifiche, come l'applicazione di gel su curve C, per correggere eventuali irregolarità.

4. **Risultato Opaco o Irregolare:** Se il gel risulta opaco o presenta irregolarità nella superficie, potrebbe essere necessario eseguire una rifinitura più accurata o utilizzare gel di migliore qualità. Assicurarsi di applicare il gel in modo uniforme e di polimerizzarlo correttamente sotto la lampada UV o LED per ottenere una superficie liscia e lucida. Inoltre, è possibile utilizzare prodotti per la finitura, come top coat o gel lucidante, per migliorare la brillantezza e la durata del risultato finale.

Affrontare con successo questi problemi comuni durante la ricostruzione con gel richiede pratica, attenzione ai dettagli e conoscenza delle tecniche corrette. Con esperienza e dedizione, è possibile ottenere risultati professionali e soddisfacenti, garantendo la bellezza e la salute delle unghie delle proprie clienti.

IX. Rifinitura e Lucidatura delle Unghie Ricostruite con Gel

1. Procedure Preliminari alla Rifinitura

Le procedure preliminari alla rifinitura rappresentano una fase cruciale nel processo di ricostruzione delle unghie con gel. Questo momento è fondamentale per garantire un risultato finale di alta qualità e duraturo. Prima di iniziare la fase di rifinitura, è essenziale assicurarsi che l'applicazione del gel sia stata eseguita correttamente e che l'unghia ricostruita sia solida e ben aderente all'unghia naturale.

La prima operazione consiste nell'esaminare attentamente ogni unghia ricostruita per individuare eventuali irregolarità o difetti nell'applicazione del gel. Questo controllo visivo è fondamentale per individuare eventuali bolle d'aria, sporgenze o imperfezioni sulla superficie dell'unghia, che potrebbero compromettere la qualità del lavoro finale.

Successivamente, è consigliabile eseguire una leggera limatura della superficie dell'unghia ricostruita per uniformare eventuali sporgenze e ottenere una superficie liscia e omogenea. Questa operazione può essere eseguita con l'ausilio di lime a grana fine o buffer appositamente progettati per il gel. È importante prestare attenzione durante questa fase per non rimuovere troppo materiale e compromettere lo spessore dell'unghia ricostruita.

Una volta completata la limatura preliminare, è possibile procedere con la pulizia accurata delle unghie utilizzando un detergente specifico o un prodotto sgrassante. Questa operazione è essenziale per rimuovere eventuali residui di gel, polvere o oli dalla superficie dell'unghia e preparare adeguatamente la base per l'applicazione del top coat e la fase di lucidatura.

Infine, è consigliabile controllare attentamente l'adesione del gel all'unghia naturale e verificare che non vi siano distacchi o sollevamenti lungo il margine libero dell'unghia. In caso di necessità, è possibile eseguire piccole correzioni o riparazioni utilizzando il gel appropriato e una lampada LED o UV per la polimerizzazione.

In sintesi, le procedure preliminari alla rifinitura sono fondamentali per assicurare un risultato finale di alta qualità e garantire la durata e la resistenza della ricostruzione con gel. Prestare attenzione ai dettagli e eseguire ogni passaggio con cura e precisione contribuirà a ottenere un lavoro professionale e impeccabile.

2. Tecniche di Limatura del Gel

Le tecniche di limatura del gel costituiscono un aspetto cruciale della fase di rifinitura delle unghie ricostruite. Una corretta limatura non solo garantisce un risultato estetico impeccabile, ma contribuisce anche a migliorare l'aderenza del gel, la durata della ricostruzione e il comfort per la cliente. Esistono diverse tecniche e strumenti che possono essere impiegati per ottenere una limatura efficace e precisa.

Innanzitutto, è importante scegliere la giusta grana della lima in base alle esigenze specifiche del lavoro. Per la rimozione di grandi quantità di materiale o per la correzione di irregolarità significative, si consiglia l'utilizzo di lima a grana più grossa, mentre per la rifinitura e la definizione dei dettagli si preferisce una grana più fine. Le limature possono essere effettuate sia manualmente, utilizzando lime a mano di diverse forme e dimensioni, sia con l'ausilio di strumenti elettrici come frese o levigatrici.

Durante la limatura, è importante mantenere un movimento fluido e controllato per evitare danni all'unghia naturale o al letto ungueale. Si consiglia di lavorare con leggere pressioni e movimenti delicati, evitando di esercitare troppa forza che potrebbe danneggiare lo strato di gel e causare sottili fratture o crepe.

Una volta completata la limatura iniziale per uniformare la superficie dell'unghia e rimuovere eventuali imperfezioni, è possibile procedere con la rifinitura dei dettagli. Questa fase richiede un'attenzione particolare ai contorni dell'unghia e alla forma desiderata, che può essere ottenuta mediante l'uso di limette a forma di ferro di cavallo, buffer o altri strumenti specifici.

Durante il processo di limatura, è importante controllare regolarmente il risultato ottenuto e correggere eventuali errori o asimmetrie per garantire un risultato finale uniforme e armonioso. È consigliabile lavorare con pazienza e precisione, prestando attenzione ai dettagli e cercando di raggiungere un equilibrio tra forma, lunghezza e spessore dell'unghia ricostruita.

Infine, una volta completata la limatura, è consigliabile pulire accuratamente le unghie per rimuovere eventuali residui di polvere o gel e prepararle per la fase successiva della lucidatura.

3. Utilizzo di Buffer e Lime per la Rifinitura

L'utilizzo di buffer e lime durante la fase di rifinitura è fondamentale per ottenere un risultato finale impeccabile nelle unghie ricostruite con gel. Questi strumenti sono progettati per levigare, lucidare e definire la superficie dell'unghia, garantendo una finitura liscia, brillante e uniforme.

I buffer sono dispositivi a doppia faccia che presentano diverse grane su ciascun lato. Questi strumenti consentono di levigare la superficie dell'unghia, eliminando eventuali irregolarità, imperfezioni o opacità. La grana più fine del buffer è utilizzata per lucidare l'unghia e conferirle un aspetto brillante e levigato. Durante l'utilizzo del buffer, è importante esercitare una leggera pressione e lavorare con movimenti delicati e circolari per evitare danni alla superficie dell'unghia o al gel.

Le lime sono strumenti essenziali per la rifinitura dei dettagli e la definizione della forma dell'unghia. Esistono diverse tipologie di lime, tra cui lime a ferro di cavallo, lime a mandorla, lime a quadrato e lime a punta. Ogni tipo di lime è progettato per adattarsi alle diverse forme e alle preferenze personali della cliente.

Durante l'utilizzo delle lime, è importante seguire la forma naturale dell'unghia e mantenere un profilo simmetrico e armonioso. Le lime possono essere utilizzate per correggere eventuali asimmetrie, perfezionare i contorni e regolare la lunghezza dell'unghia in base alle preferenze della cliente.

Una volta completata la limatura con le lime, è possibile passare al buffing finale utilizzando il buffer per levigare e lucidare l'unghia. Questo passaggio aggiuntivo contribuisce a ottenere una finitura ultra-liscia e brillante, migliorando l'aspetto complessivo della ricostruzione con gel.

In conclusione, l'utilizzo di buffer e lime durante la fase di rifinitura è fondamentale per garantire un risultato professionale e di alta qualità nella ricostruzione delle unghie con gel. Questi strumenti permettono di ottenere una superficie uniforme, levigata e lucida, soddisfacendo le esigenze estetiche e di stile della cliente.

4. Applicazione del Top Coat

L'applicazione del top coat è uno degli ultimi passaggi cruciali nella rifinitura delle unghie ricostruite con gel. Questo strato finale non solo conferisce un aspetto lucido e brillante all'unghia, ma fornisce anche una protezione aggiuntiva al gel sottostante, prolungandone la durata e la resistenza.

Prima di applicare il top coat, è importante assicurarsi che la superficie dell'unghia sia stata completamente levigata e pulita da eventuali residui di gel o polvere. Questo passaggio preliminare garantisce che il top coat aderisca uniformemente e si asciughi senza irregolarità.

Il top coat può essere applicato in uno strato sottile e uniforme utilizzando un pennello per gel specifico o un applicatore a spugna. Durante l'applicazione, è fondamentale evitare eccessi di prodotto che potrebbero causare colature o bolle d'aria.

Una volta applicato il top coat, l'unghia deve essere polimerizzata sotto una lampada UV o LED per garantire una completa asciugatura e indurimento del gel. Questo processo di polimerizzazione può richiedere dai 30 ai 60 secondi, a seconda del tipo di lampada utilizzata e della marca del top coat.

Dopo la polimerizzazione, è consigliabile verificare attentamente l'unghia per eventuali irregolarità o imperfezioni e correggerle se necessario. Qualsiasi eccesso di top coat può essere rimosso delicatamente utilizzando un batuffolo di cotone imbevuto di solvente specifico per gel, garantendo così una finitura impeccabile.

Una volta completata l'applicazione del top coat e la polimerizzazione, l'unghia risulterà lucida, brillante e protetta. Il top coat contribuisce a migliorare l'aspetto complessivo della ricostruzione con gel, conferendo alle unghie un finish professionale e duraturo.

5. Tecniche di Lucidatura

Le tecniche di lucidatura rappresentano l'ultimo passo per ottenere un risultato impeccabile nella rifinitura delle unghie ricostruite con gel. Questo processo non solo conferisce un ulteriore livello di brillantezza alla superficie dell'unghia, ma contribuisce anche a rendere la ricostruzione più resistente e durevole nel tempo.

Prima di iniziare la lucidatura, è essenziale assicurarsi che l'unghia sia stata completamente asciugata e polimerizzata dopo l'applicazione del top coat. Qualsiasi residuo di prodotto non completamente indurito potrebbe compromettere il risultato finale della lucidatura.

Per ottenere una superficie perfettamente lucida, si possono utilizzare diverse tecniche e strumenti. Tra i più comuni troviamo i buffer e i tamponi lucidanti, progettati per eliminare eventuali imperfezioni superficiali e rendere l'unghia uniformemente brillante.

Durante il processo di lucidatura, è importante lavorare con delicatezza e precisione per evitare di danneggiare il gel sottostante o causare graffi sulla superficie dell'unghia. Si consiglia di utilizzare movimenti delicati e circolari, passando gradualmente da un lato all'altro dell'unghia per garantire una lucidatura uniforme.

Oltre ai buffer e ai tamponi lucidanti tradizionali, esistono anche strumenti e accessori più avanzati, come le lime lucidanti e i blocchi lucidanti a quattro lati, che consentono di ottenere risultati ancora più precisi e brillanti.

Una volta completata la lucidatura, è consigliabile verificare attentamente l'unghia per eventuali imperfezioni o irregolarità e correggerle se necessario. Qualsiasi segno di opacità o graffio può essere eliminato utilizzando ulteriori passaggi di lucidatura o leggere correzioni localizzate.

La lucidatura delle unghie ricostruite con gel rappresenta quindi un passaggio fondamentale per garantire un risultato finale impeccabile e professionale. Con le giuste tecniche e gli strumenti adeguati, è possibile ottenere un effetto lucido e brillante che valorizza al massimo la bellezza delle mani.

6. Consigli per una Rifinitura Perfetta

Per ottenere una rifinitura perfetta delle unghie ricostruite con gel, è fondamentale seguire alcuni consigli pratici che garantiscono un risultato professionale e duraturo nel tempo.

Innanzitutto, è importante prestare molta attenzione alla preparazione dell'unghia naturale prima dell'applicazione del gel. Questo include la corretta rimozione del residuo di smalto, la pulizia dell'unghia e la rimozione delle cuticole in eccesso. Una base ben preparata assicura una migliore aderenza del gel e una superficie uniforme su cui lavorare.

Durante l'applicazione del gel, è consigliabile utilizzare quantità moderate di prodotto e distribuirlo in modo uniforme sull'unghia. Evitare eccessi di gel che potrebbero causare spessore eccessivo o irregolarità nella ricostruzione.

Durante la fase di polimerizzazione del gel, assicurarsi di seguire attentamente le istruzioni del produttore e utilizzare una lampada UV o LED di alta qualità per garantire una polimerizzazione completa e uniforme del prodotto.

Durante la limatura e la rifinitura, utilizzare strumenti di alta qualità e lavorare con delicatezza per evitare danni all'unghia naturale o alla ricostruzione. Mantenere una forma uniforme e armoniosa, evitando spigoli vivi o irregolarità nella superficie dell'unghia.

Durante la lucidatura, utilizzare buffer e tamponi lucidanti di buona qualità e lavorare con movimenti leggeri e circolari per ottenere una finitura brillante e uniforme.

Infine, dopo la rifinitura completa, applicare un top coat di alta qualità per proteggere la ricostruzione e prolungarne la durata nel tempo. Assicurarsi di sigillare bene i bordi dell'unghia per evitare il distacco del gel.

Seguendo questi consigli e utilizzando le tecniche appropriate, è possibile ottenere una rifinitura perfetta delle unghie ricostruite con gel, garantendo risultati professionali e soddisfacenti per il cliente.

X. Troubleshooting e Soluzione dei Problemi Comuni nella Ricostruzione con Gel

1. Affrontare il Distacco: Consigli per una Tenuta Duratura del Gel

Il distacco del gel dalle unghie può essere uno dei problemi più frustranti per un tecnico delle unghie e per la cliente. Tuttavia, ci sono diverse strategie che possono essere adottate per garantire una tenuta duratura del gel e prevenire il distacco prematuro.

Prima di tutto, è fondamentale preparare accuratamente l'unghia naturale prima dell'applicazione del gel. Ciò include la rimozione completa dell'umidità e dell'olio dalla superficie dell'unghia, utilizzando prodotti specifici per la preparazione come primer e deidratatori. Inoltre, assicurarsi che l'unghia sia completamente asciutta prima di procedere con l'applicazione del gel è essenziale per una buona aderenza.

Un'altra considerazione importante è la corretta preparazione della superficie dell'unghia. Utilizzare buffer e lime per rimuovere eventuali residui di cuticole e per levigare delicatamente la superficie dell'unghia può favorire una migliore aderenza del gel. Inoltre, è importante prestare attenzione alla forma dell'unghia, assicurandosi che sia uniforme e priva di irregolarità che potrebbero compromettere la tenuta del gel.

Durante l'applicazione del gel, assicurarsi di sigillare bene i bordi dell'unghia per evitare che il gel si sollevi prematuramente. Applicare uno strato sottile e uniforme di gel su tutta la superficie dell'unghia, assicurandosi di coprire completamente l'unghia senza creare spessori eccessivi.

Infine, è importante educare la cliente sull'importanza della manutenzione e dei comportamenti appropriati per preservare la tenuta del gel. Questo può includere consigli su come evitare di utilizzare le unghie come strumenti e di esporle a sostanze chimiche abrasive che potrebbero compromettere la tenuta del gel.

Seguendo attentamente questi consigli e adottando una corretta tecnica di applicazione, è possibile ottenere una tenuta duratura del gel e garantire la soddisfazione della cliente.

2. Bolle Imbarazzanti: Come Evitare e Risolvere la Loro Formazione

Le bolle d'aria sono uno degli inconvenienti più comuni durante la ricostruzione delle unghie con il gel, e possono essere non solo fastidiose ma anche poco estetiche. Per evitarle e risolverle efficacemente, è necessario comprendere le cause alla base della loro formazione e adottare le giuste precauzioni durante il processo di applicazione del gel.

Le bolle d'aria possono formarsi per diversi motivi, tra cui l'applicazione eccessivamente veloce del gel, l'uso di prodotti scadenti o di bassa qualità, la presenza di umidità nell'ambiente di lavoro, o un'applicazione troppo spessa del gel. Pertanto, è fondamentale adottare una serie di accorgimenti per prevenirne la formazione.

In primo luogo, assicurarsi di lavorare in un ambiente ben ventilato e privo di umidità eccessiva, in quanto l'umidità può intrappolare bolle d'aria sotto il gel durante il processo di polimerizzazione. Utilizzare prodotti di alta qualità e seguire attentamente le istruzioni del produttore per garantire una corretta applicazione del gel.

Durante l'applicazione del gel, evitare movimenti bruschi e troppo veloci che potrebbero creare bolle d'aria. Utilizzare una tecnica lenta e precisa per distribuire uniformemente il gel sull'unghia, evitando di sovrapporre troppo i passaggi e di creare spessori eccessivi di prodotto.

Se, nonostante le precauzioni adottate, si verificano comunque delle bolle d'aria durante l'applicazione del gel, è possibile correggerle in modo tempestivo. Utilizzare un pennello da gel per rompere delicatamente le bolle d'aria sulla superficie dell'unghia prima della polimerizzazione completa del gel. Successivamente, è possibile aggiungere uno strato sottile di gel per riempire eventuali vuoti e levigare nuovamente la superficie dell'unghia per garantire una finitura uniforme.

Seguendo attentamente questi consigli e adottando una corretta tecnica di applicazione, è possibile prevenire efficacemente la formazione di bolle d'aria e ottenere risultati professionali e impeccabili nella ricostruzione delle unghie con il gel.

3. Gel Stubborn: Soluzioni per una Polimerizzazione Perfetta

Quando ci si trova di fronte a problemi di polimerizzazione del gel, noti anche come "gel stubborn", può essere frustrante e scoraggiante. Tuttavia, esistono diverse soluzioni e strategie che possono aiutare a garantire una polimerizzazione perfetta del gel e a ottenere risultati soddisfacenti.

Innanzitutto, è importante assicurarsi di seguire attentamente le istruzioni del produttore per quanto riguarda il tempo e il metodo di polimerizzazione del gel. Utilizzare una lampada UV o LED di alta qualità e assicurarsi che sia calibrata correttamente per garantire una polimerizzazione uniforme e completa del gel su tutte le unghie.

Se il gel sembra non polimerizzare correttamente, potrebbe essere utile esaminare attentamente il processo di applicazione del gel. Assicurarsi di applicare uno strato sottile e uniforme di gel su ciascuna unghia e evitare di sovrapporre troppo i passaggi, in quanto uno spessore eccessivo di gel può ostacolare il processo di polimerizzazione.

Inoltre, verificare che il gel non sia scaduto e che sia stato conservato correttamente. I gel scaduti o mal conservati possono presentare problemi di polimerizzazione. Se necessario, sostituire il gel con un prodotto fresco e di alta qualità per garantire risultati ottimali.

Se nonostante questi accorgimenti il problema persiste, è consigliabile contattare il fornitore del gel per ricevere assistenza e consulenza specifica. Potrebbero essere necessarie correzioni nella tecnica di applicazione del gel o un'analisi più approfondita delle condizioni di lavoro per risolvere il problema di polimerizzazione.

In sintesi, affrontare il problema del gel stubborn richiede pazienza, attenzione ai dettagli e una corretta comprensione della tecnica di applicazione del gel. Seguendo le giuste precauzioni e adottando le soluzioni appropriate, è possibile ottenere una polimerizzazione perfetta del gel e risultati professionali nella ricostruzione delle unghie.

4. Resistenza al Ritiro: Strategie per un Gel Integro e Duraturo

Quando si tratta di garantire la resistenza al ritiro del gel e di mantenere unghie ricostruite integre e durature nel tempo, è fondamentale adottare diverse strategie e precauzioni durante il processo di applicazione e cura.

Per prima cosa, è importante assicurarsi di preparare accuratamente l'unghia naturale prima dell'applicazione del gel. Rimuovere completamente qualsiasi residuo di smalto e pulire accuratamente l'unghia per garantire una superficie pulita e priva di grasso. Inoltre, levigare delicatamente la superficie dell'unghia per favorire l'adesione ottimale del gel.

Una corretta applicazione del primer è essenziale per migliorare l'adesione del gel all'unghia naturale e ridurre al minimo il rischio di ritiro. Applicare il primer in modo uniforme e evitare l'eccesso di prodotto per evitare problemi di ritiro o sollevamento del gel.

Durante l'applicazione del gel, assicurarsi di lavorare in strati sottili e uniformi per garantire una distribuzione equa del prodotto e una migliore adesione all'unghia naturale. Evitare l'eccesso di gel sui bordi dell'unghia e sigillare correttamente i bordi per prevenire il ritiro e il sollevamento del gel.

Dopo la polimerizzazione del gel, è importante completare il processo con la rifinitura e la lucidatura delle unghie in modo accurato. Utilizzare buffer e lime di alta qualità per levigare delicatamente la superficie del gel e rimuovere eventuali imperfezioni. Applicare un top coat di finitura per proteggere il gel e prolungare la durata della ricostruzione.

Infine, educare i clienti sull'importanza della cura quotidiana delle unghie ricostruite può contribuire a mantenere l'integrità del gel nel tempo. Raccomandare l'uso di oli per cuticole e creme idratanti per mantenere le unghie e la pelle circostante in salute e prevenire il ritiro prematuro del gel.

Seguendo queste strategie e pratiche consigliate, è possibile garantire unghie ricostruite con gel resistenti al ritiro e durature nel tempo, offrendo risultati professionali e soddisfacenti ai clienti.

5. Sottile è Meglio: Tecniche per Evitare Spessori Eccessivi

Per ottenere risultati ottimali nella ricostruzione delle unghie con gel, è essenziale adottare tecniche mirate per evitare spessori eccessivi di prodotto, garantendo un aspetto naturale e una durata prolungata della ricostruzione.

Innanzitutto, durante l'applicazione del gel, è importante lavorare con strati sottili e uniformi. Applicare troppo gel in un solo strato può portare a spessori eccessivi e compromettere l'aspetto naturale dell'unghia ricostruita. Utilizzare un pennello di dimensioni adeguate e distribuire il gel in modo uniforme sull'intera superficie dell'unghia, evitando accumuli di prodotto.

Inoltre, è fondamentale prestare particolare attenzione ai bordi dell'unghia durante l'applicazione del gel. Evitare di sovraccaricare i bordi con il prodotto e assicurarsi di sigillarli correttamente per evitare spessori eccessivi e prevenire il sollevamento del gel.

Durante la fase di modellatura e costruzione dell'unghia con il gel, è consigliabile utilizzare tecniche di stratificazione per aggiungere volume e forma in modo graduale, evitando di creare spessori indesiderati. Lavorare con pazienza e precisione per modellare l'unghia con gel in modo delicato e controllato, aggiungendo solo il necessario per ottenere la forma desiderata.

Per garantire una superficie liscia e uniforme, è importante levigare e limare delicatamente il gel dopo la polimerizzazione. Utilizzare buffer e lime di alta qualità per rimuovere eventuali irregolarità e perfezionare la forma dell'unghia senza compromettere la sua integrità strutturale.

Infine, educare i clienti sull'importanza di mantenere una corretta routine di manutenzione può contribuire a evitare spessori eccessivi nella ricostruzione con gel. Raccomandare l'uso di oli per cuticole e creme idratanti per mantenere le unghie e la pelle circostante in salute, riducendo al minimo il rischio di accumuli di prodotto e il sollevamento del gel.

Seguendo queste tecniche e pratiche consigliate, è possibile evitare spessori eccessivi nella ricostruzione delle unghie con gel, garantendo risultati professionali e duraturi nel tempo.

6. Pelle Protetta: Prevenire e Gestire Reazioni Cutanee Indesiderate

La protezione della pelle durante il processo di ricostruzione delle unghie con gel è fondamentale per prevenire e gestire eventuali reazioni cutanee indesiderate. Prima di iniziare la procedura, è importante istruire il cliente sull'importanza di mantenere la pelle intorno alle unghie idratata e protetta.

Per evitare eventuali irritazioni cutanee durante l'applicazione del gel, è consigliabile utilizzare prodotti appositamente formulati per proteggere la pelle sensibile. Applicare una crema idratante o una lozione protettiva sulla pelle circostante le unghie prima di iniziare la procedura può aiutare a creare una barriera protettiva, riducendo il rischio di irritazioni da contatto con il gel.

Durante la fase di preparazione dell'unghia naturale, è importante prestare particolare attenzione alla manipolazione degli strumenti e dei prodotti chimici. Utilizzare guanti protettivi durante la limatura e la levigatura può aiutare a proteggere la pelle dalle sostanze irritanti presenti nel gel e negli altri prodotti utilizzati durante la procedura.

Inoltre, è consigliabile evitare il contatto diretto del gel con la pelle circostante durante l'applicazione. Utilizzare un'apposita spatolina per distribuire il gel sull'unghia e evitare che il prodotto entri in contatto con la pelle può contribuire a ridurre il rischio di irritazioni cutanee.

In caso di reazioni cutanee indesiderate durante o dopo la procedura di ricostruzione delle unghie con gel, è importante agire prontamente per gestire il problema. Rimuovere delicatamente il gel dalla pelle interessata utilizzando un batuffolo di cotone imbevuto di solvente per gel può aiutare a ridurre l'irritazione e prevenire eventuali complicazioni.

Infine, educare il cliente sull'importanza di seguire una corretta routine di cura della pelle può contribuire a prevenire future reazioni cutanee indesiderate. Raccomandare l'uso di creme idratanti e oli per cuticole ricchi di ingredienti lenitivi e nutrienti può aiutare a mantenere la pelle sana e protetta, riducendo al minimo il rischio di irritazioni cutanee durante e dopo la procedura di ricostruzione delle unghie con gel.

Seguendo queste precauzioni e pratiche consigliate, è possibile proteggere la pelle durante la procedura di ricostruzione delle unghie con gel e prevenire eventuali reazioni cutanee indesiderate, garantendo un'esperienza sicura e confortevole per il cliente.

7. Aderenza Assicurata: Suggerimenti per un Attaccamento Sicuro

Per garantire un'aderenza sicura e duratura del gel durante la ricostruzione delle unghie, è essenziale seguire una serie di suggerimenti e pratiche consigliate.

Prima di iniziare la procedura, assicurarsi che l'unghia naturale sia adeguatamente preparata e pulita. Rimuovere completamente il residuo di smalto e pulire accuratamente l'unghia con un detergente specifico per garantire una superficie pulita e priva di oli o residui che potrebbero compromettere l'adesione del gel.

Successivamente, utilizzare un primer di alta qualità per preparare l'unghia e migliorare l'adesione del gel. Applicare il primer in modo uniforme sull'intera superficie dell'unghia e lasciare asciugare completamente prima di procedere con l'applicazione del gel.

Durante l'applicazione del gel, assicurarsi di distribuire il prodotto in modo uniforme e senza creare spessori eccessivi. Utilizzare un pennello di alta qualità per stendere il gel in strati sottili e uniformi, evitando il contatto con la pelle circostante e le cuticole.

Inoltre, prestare attenzione alla corretta polimerizzazione del gel utilizzando una lampada UV o LED di alta qualità. Assicurarsi di seguire le istruzioni del produttore e di esporre l'unghia alla luce per il tempo necessario per garantire una polimerizzazione completa e una presa sicura del gel.

Durante la fase di polimerizzazione, è importante controllare attentamente il processo e assicurarsi che il gel sia correttamente indurito prima di procedere con le fasi successive della ricostruzione delle unghie. Se necessario, esporre l'unghia alla luce per un tempo aggiuntivo per garantire una polimerizzazione completa e una maggiore aderenza del gel.

Infine, raccomandare al cliente di seguire una corretta routine di cura delle unghie per mantenere il gel in condizioni ottimali e garantire una aderenza sicura nel tempo. Suggerire l'uso di oli per cuticole e creme idratanti per mantenere le unghie e la pelle circostante morbide e idratate, contribuendo così a prolungare la durata del gel e a garantire una tenuta sicura e duratura.

Seguendo questi suggerimenti e pratiche consigliate, è possibile garantire un'aderenza sicura e duratura del gel durante la ricostruzione delle unghie, offrendo al cliente risultati soddisfacenti e duraturi.

8. Brillantezza Intatta: Mantenere il Gel Trasparente e Brillante

Per mantenere il gel trasparente e brillante nel tempo, è importante seguire una serie di pratiche e accorgimenti che preservino l'aspetto originale delle unghie ricostruite. Inizialmente, è fondamentale utilizzare prodotti di alta qualità, compresi gel trasparenti e top coat, che presentino una formula resistente e duratura.

Durante l'applicazione del gel, assicurarsi di distribuirlo in modo uniforme e senza creare spessori eccessivi, in modo da evitare la formazione di bolle d'aria o irregolarità che potrebbero compromettere la trasparenza e la brillantezza del gel. Utilizzare un pennello di buona qualità e applicare il gel in strati sottili, polimerizzando accuratamente ogni strato per garantire una presa ottimale e una superficie liscia e uniforme.

Dopo la polimerizzazione completa del gel, è consigliabile eseguire una rifinitura accurata utilizzando lime e buffer appositamente progettati per levigare la superficie e rimuovere eventuali irregolarità. Evitare di limare eccessivamente la superficie, poiché potrebbe compromettere la brillantezza del gel e rendere la superficie opaca.

Successivamente, applicare uno strato di top coat trasparente di alta qualità per proteggere il gel e conferire una finitura lucida e brillante. Assicurarsi di applicare il top coat in modo uniforme e senza creare bolle d'aria, polimerizzando accuratamente il prodotto per garantire una superficie liscia e lucida.

Per mantenere il gel trasparente e brillante nel tempo, è consigliabile consigliare al cliente di seguire una corretta routine di cura delle unghie, evitando l'esposizione a sostanze chimiche aggressive e proteggendo le mani durante le attività quotidiane. Suggerire l'uso di oli per cuticole e creme idratanti per mantenere le unghie e la pelle circostante idratate e morbide, contribuendo così a preservare la brillantezza del gel e a prolungarne la durata nel tempo.

Seguendo queste pratiche e consigli, è possibile garantire che il gel rimanga trasparente e brillante nel tempo, offrendo al cliente unghie ricostruite dall'aspetto impeccabile e duraturo.

9. Luminosità Naturale: Come Evitare Sbiancamenti Indesiderati

Per mantenere la luminosità naturale delle unghie ricostruite con gel e evitare sbiancamenti indesiderati, è essenziale adottare precauzioni durante l'applicazione e la cura delle unghie. Innanzitutto, è fondamentale utilizzare gel trasparenti di alta qualità, privi di sostanze sbiancanti o opacizzanti che potrebbero compromettere l'aspetto naturale delle unghie.

Durante l'applicazione del gel, evitare l'eccesso di prodotto e assicurarsi di distribuirlo in modo uniforme su tutta la superficie dell'unghia. Prestare particolare attenzione alle cuticole e ai bordi dell'unghia, dove il gel potrebbe accumularsi e causare sbiancamenti indesiderati. Utilizzare un pennello di buona qualità e lavorare con precisione per ottenere una copertura uniforme e trasparente.

Dopo la polimerizzazione del gel, è importante eseguire una rifinitura accurata utilizzando lime e buffer delicati per levigare la superficie e rimuovere eventuali irregolarità. Evitare di limare eccessivamente la superficie dell'unghia, poiché ciò potrebbe compromettere la brillantezza e la trasparenza del gel.

Inoltre, è consigliabile evitare l'esposizione a sostanze chimiche aggressive che potrebbero causare sbiancamenti o opacità del gel. Suggerire al cliente di utilizzare guanti protettivi durante le attività domestiche o lavorative che comportano l'uso di detergenti o solventi aggressivi.

Per mantenere la luminosità naturale delle unghie ricostruite con gel, è importante educare il cliente sull'importanza di una corretta routine di cura delle unghie, compresa l'idratazione quotidiana e l'applicazione di oli per cuticole per mantenere le unghie e la pelle circostante morbide e idratate.

Infine, consigliare al cliente di evitare abitudini dannose come mordere le unghie o utilizzare le unghie come attrezzi, poiché ciò potrebbe danneggiare il gel e comprometterne la luminosità naturale nel tempo.

Seguendo queste precauzioni e consigli, è possibile evitare sbiancamenti indesiderati e preservare la luminosità naturale delle unghie ricostruite con gel, offrendo al cliente un risultato impeccabile e duraturo.

10. Sopravvivere ai Lati Sollevati: Strategie per una Ricostruzione Duratura

Per affrontare i lati sollevati durante la ricostruzione con gel e garantire una durata ottimale del lavoro, è fondamentale adottare diverse strategie preventive e correttive. Innanzitutto, durante la preparazione dell'unghia naturale, assicurarsi di rimuovere completamente il residuo di cuticole e di levigare delicatamente la superficie dell'unghia per favorire l'adesione ottimale del gel.

Durante l'applicazione del gel, prestare particolare attenzione ai bordi dell'unghia e assicurarsi di sigillare correttamente il gel lungo i lati per evitare sollevamenti prematuri. Utilizzare strumenti appositi, come un pennello sottile o un bastoncino di legno, per distribuire il gel in modo uniforme lungo i bordi dell'unghia e evitare eccessi di prodotto che potrebbero causare sollevamenti.

Inoltre, è consigliabile utilizzare gel di alta qualità con una buona adesione e una bassa tendenza al ritiro per garantire una durata ottimale della ricostruzione. Durante la polimerizzazione del gel, assicurarsi di seguire accuratamente le istruzioni del produttore e utilizzare lampade UV o LED di alta qualità per garantire una polimerizzazione completa e uniforme del gel su tutta la superficie dell'unghia.

Se si verificano sollevamenti durante o dopo l'applicazione del gel, è possibile utilizzare una lima a grana fine per livellare delicatamente la superficie dell'unghia e rimuovere eventuali irregolarità. Successivamente, applicare un sottile strato di gel di finitura per sigillare il lavoro e garantire una maggiore durata della ricostruzione.

Educare il cliente sull'importanza di una corretta manutenzione delle unghie, evitando di utilizzare le unghie come attrezzi e proteggendole durante le attività manuali impegnative, può contribuire a prevenire sollevamenti e prolungare la durata della ricostruzione.

Seguendo queste strategie preventive e correttive, è possibile affrontare con successo i lati sollevati durante la ricostruzione con gel e garantire una durata duratura e impeccabile del lavoro.

XI. Ricostruzione delle Unghie con Acrilico: Concetti Fondamentali

1. Preparazione dell'Unghia Naturale per la Ricostruzione con Acrilico

La preparazione adeguata dell'unghia naturale è un passaggio cruciale per garantire una ricostruzione con acrilico di qualità e una tenuta duratura. Prima di iniziare la procedura, è essenziale eseguire una serie di operazioni per assicurarsi che l'unghia sia pronta ad accogliere il materiale acrilico in modo ottimale.

Il primo passo consiste nell'eseguire un'accurata pulizia dell'unghia e delle zone circostanti, utilizzando un detergente delicato per rimuovere eventuali residui di oli, lozioni o smalti precedentemente applicati. Questo permette al materiale acrilico di aderire saldamente all'unghia naturale, riducendo il rischio di distacco prematuro.

Successivamente, è fondamentale procedere con la rimozione dello strato superficiale dell'unghia tramite l'utilizzo di una lima morbida o buffer, al fine di eliminare eventuali residui di cellule morte e rendere la superficie dell'unghia più ruvida, favorendo l'adesione del prodotto acrilico.

Una volta completata la preparazione della superficie dell'unghia, è importante prendersi cura delle cuticole, spingendole delicatamente verso il letto ungueale utilizzando uno spingi-cuticole, e eventualmente rimuovendo le cuticole in eccesso con un'apposita pinzetta o un taglia-cuticole. Questo passaggio non solo migliora l'estetica dell'unghia, ma permette anche una migliore applicazione del materiale acrilico.

Infine, è consigliabile disinfettare accuratamente l'unghia utilizzando un disinfettante specifico per le unghie, al fine di eliminare eventuali batteri o microrganismi presenti sulla superficie dell'unghia e prevenire infezioni durante la ricostruzione.

Seguendo attentamente questi passaggi preliminari, si può garantire una base solida e pulita per la ricostruzione con acrilico, assicurando risultati ottimali e duraturi.

2. Utilizzo del Monomero e della Polvere Acrilica

L'uso corretto del monomero e della polvere acrilica è fondamentale per ottenere una ricostruzione ungueale di qualità e duratura. Questi due componenti costituiscono la base del sistema acrilico e richiedono una corretta manipolazione per garantire risultati ottimali.

Prima di iniziare, assicurati di avere a disposizione monomero di alta qualità e polvere acrilica nella tonalità desiderata. Il monomero è un liquido trasparente o leggermente colorato, mentre la polvere acrilica è disponibile in una vasta gamma di colori e consistenze per soddisfare le esigenze estetiche dei clienti.

Per iniziare la procedura, versa una piccola quantità di monomero in un contenitore monomerico pulito e asciutto. Assicurati di utilizzare un pennello acrilico di buona qualità, con setole sottili e flessibili, in modo da poter controllare meglio l'applicazione del monomero e della polvere acrilica.

Dopo aver preparato il monomero, immergi il pennello nel liquido e rimuovi l'eccesso strizzando leggermente le setole con le dita. Quindi, preleva una piccola quantità di polvere acrilica con il pennello e inizia a lavorarla sulla superficie dell'unghia in modo uniforme e controllato.

Durante l'applicazione, assicurati di mantenere una consistenza uniforme e omogenea, evitando accumuli eccessivi di prodotto che potrebbero compromettere l'aspetto finale della ricostruzione. Lavora con precisione e attenzione per modellare l'unghia nella forma desiderata, utilizzando movimenti delicati e fluidi per garantire una superficie liscia e uniforme.

Una volta completata l'applicazione del monomero e della polvere acrilica, lascia asciugare il materiale completamente prima di procedere con la limatura e la rifinitura finale. Questo assicura una presa solida e duratura del prodotto, garantendo risultati impeccabili e duraturi.

Ricorda sempre di seguire attentamente le istruzioni del produttore e di praticare regolarmente per migliorare le tue abilità e ottenere risultati sempre migliori. Con la pratica e la giusta tecnica, sarai in grado di creare ricostruzioni unghie con acrilico di alta qualità e soddisfare le esigenze dei tuoi clienti in modo professionale e competente.

3. Tecnica di Applicazione dell'Acrilico: Formazione del Sorriso e della Curva C

La formazione del sorriso e della curva C è una delle competenze fondamentali nella ricostruzione ungueale con acrilico. Queste tecniche permettono di creare un aspetto naturale e armonioso sulle unghie artificiali, conferendo loro una forma esteticamente gradevole e confortevole per il cliente.

Per iniziare, è importante avere una comprensione chiara della forma desiderata del sorriso e della curva C, che possono variare in base alle preferenze personali del cliente e al suo tipo di unghie naturali. Prima di applicare l'acrilico, valuta attentamente la morfologia delle unghie naturali e discuti con il cliente le sue preferenze estetiche.

Una volta determinata la forma desiderata, inizia applicando un piccolo quantitativo di monomero sul letto ungueale e sull'estremità libera dell'unghia naturale. Questo aiuterà ad assicurare una migliore adesione dell'acrilico e a prevenire il distacco prematuro del prodotto.

Successivamente, utilizza il pennello acrilico per prelevare una piccola quantità di polvere acrilica e inizia a modellare la curva C, lavorando con movimenti delicati e precisi. Applica la giusta quantità di prodotto per creare una transizione fluida e naturale tra il letto ungueale e l'estremità libera dell'unghia.

Per formare il sorriso, concentra l'applicazione dell'acrilico sull'estremità libera dell'unghia, modellando delicatamente la curva desiderata con il pennello acrilico. Assicurati di lavorare in modo simmetrico su entrambe le unghie per ottenere un risultato uniforme e bilanciato.

Durante il processo, controlla costantemente la forma e
l'aspetto delle unghie artificiali, facendo eventuali correzioni o
aggiustamenti necessari per garantire un risultato ottimale.
Lavora con pazienza e precisione, prestando attenzione ai
dettagli per creare un sorriso e una curva C impeccabili e ben
definiti.

Una volta completata la formazione del sorriso e della curva C,
lascia asciugare completamente l'acrilico prima di procedere
con la limatura e la rifinitura finale. Questo assicura una presa
solida e duratura del prodotto, garantendo un aspetto naturale e
duraturo delle unghie ricostruite.

4. Asciugatura e Polimerizzazione dell'Acrilico

L'asciugatura e la polimerizzazione dell'acrilico sono fasi
cruciali nel processo di ricostruzione delle unghie artificiali.
Una corretta asciugatura e polimerizzazione assicurano una
presa solida e duratura del prodotto, nonché un risultato finale
resistente e di qualità professionale.

Prima di procedere con l'asciugatura e la polimerizzazione
dell'acrilico, assicurati che il lavoro precedente sia stato
eseguito con cura e precisione. Controlla che la forma e lo
spessore dell'acrilico siano uniformi su entrambe le unghie e
che non vi siano irregolarità o eccessi di prodotto.

Per asciugare e polimerizzare l'acrilico, è necessario utilizzare
una lampada UV o LED specificamente progettata per questo
scopo. Queste lampade emettono una luce di lunghezza d'onda
specifica che attiva i fotoiniziatori presenti nell'acrilico,
avviando il processo di polimerizzazione e indurendo il
prodotto.

Prima di posizionare le unghie sotto la lampada, assicurati di aver completato tutte le fasi precedenti della ricostruzione, inclusa la formazione del sorriso e della curva C. Posiziona quindi le unghie sotto la lampada e impostala sul timer in base alle istruzioni del produttore.

Durante il processo di asciugatura e polimerizzazione, è importante seguire attentamente le indicazioni del produttore della lampada e rispettare i tempi di esposizione consigliati. Un'esposizione insufficiente potrebbe portare a un indurimento incompleto dell'acrilico, mentre un'eccessiva esposizione potrebbe causare surriscaldamento e danneggiare le unghie naturali.

Una volta completata l'asciugatura e la polimerizzazione, verifica che l'acrilico sia completamente indurito toccandolo leggermente con il dorso del pennello o con un'altra superficie non appiccicosa. Se l'acrilico risulta solido e non lascia alcuna impressione, le unghie sono pronte per la fase successiva del processo di ricostruzione.

Ricorda sempre di lavorare in un ambiente ben ventilato durante l'applicazione e l'asciugatura dell'acrilico, evitando l'esposizione prolungata ai vapori e ai fumi. Inoltre, assicurati di pulire regolarmente la superficie della lampada UV o LED per garantire una corretta funzionalità e prestazioni ottimali nel tempo.

5. Rifinitura e Lucidatura delle Unghie Ricostruite con Acrilico

La rifinitura e la lucidatura delle unghie ricostruite con acrilico sono fasi cruciali per ottenere un risultato finale impeccabile e professionale. Queste procedure non solo conferiscono alle unghie un aspetto levigato e uniforme, ma contribuiscono anche a migliorare la durata e la resistenza della ricostruzione.

Prima di iniziare la rifinitura e la lucidatura, assicurati che l'acrilico sia completamente asciutto e indurito dopo il processo di polimerizzazione. Qualsiasi residuo di umidità o prodotto non completamente polimerizzato potrebbe compromettere il risultato finale e la durata della ricostruzione.

Per iniziare la rifinitura, utilizza una lima di grana media per regolare la forma e lo spessore dell'acrilico. Lavora con movimenti delicati e precisi, rimuovendo eventuali irregolarità e livellando la superficie dell'unghia per ottenere una forma uniforme e armoniosa. Assicurati di mantenere una forma naturale e bilanciata, rispettando le preferenze della cliente e garantendo un aspetto estetico gradevole.

Successivamente, passa a una lima di grana più fine per levigare ulteriormente la superficie dell'acrilico e eliminare qualsiasi segno lasciato dalla limatura precedente. Questo passaggio è fondamentale per ottenere una superficie liscia e uniforme, pronta per la fase di lucidatura.

Una volta completata la rifinitura, è il momento di procedere con la lucidatura delle unghie ricostruite. Puoi utilizzare un buffer o un blocco lucidante appositamente progettato per questo scopo. Con movimenti delicati e costanti, passa il buffer sulla superficie dell'acrilico per eliminare eventuali imperfezioni e ottenere un aspetto brillante e levigato.

Se desideri un risultato ancora più lucido e rifinito, puoi utilizzare un polisher o un buffer lucidante a tre o quattro fasi. Questi strumenti sono progettati per fornire una lucidatura professionale e duratura, conferendo alle unghie un aspetto brillante e luminoso che dura nel tempo.

Ricorda sempre di lavorare con cautela e precisione durante la rifinitura e la lucidatura, evitando di rimuovere troppo materiale e danneggiare l'acrilico sottostante. Con la pratica e la pazienza, sarai in grado di ottenere risultati sorprendenti e soddisfare le esigenze estetiche e funzionali delle tue clienti.

6. Troubleshooting e Soluzione dei Problemi Comuni nella Ricostruzione con Acrilico

Quando si tratta di ricostruzione delle unghie con acrilico, è importante essere preparati ad affrontare eventuali problemi che potrebbero sorgere durante il processo. Anche se la pratica costante e l'esperienza possono ridurre al minimo l'insorgere di inconvenienti, è utile conoscere le strategie per risolvere i problemi comuni e garantire risultati ottimali per le tue clienti.

Uno dei problemi più comuni nella ricostruzione con acrilico è la formazione di bolle d'aria all'interno dell'acrilico stesso. Questo può accadere a causa di una varietà di fattori, come l'utilizzo eccessivo del monomero, la temperatura ambiente troppo alta o l'applicazione troppo veloce dell'acrilico sulla superficie dell'unghia. Per evitare la formazione di bolle d'aria, assicurati di lavorare con il monomero e la polvere acrilica in proporzioni corrette, mantenere una temperatura ambiente controllata e applicare l'acrilico con movimenti lenti e uniformi.

Un altro problema comune è rappresentato dalla difficoltà nel modellare l'acrilico per ottenere la forma desiderata. Questo può verificarsi se l'acrilico è troppo asciutto o se il tempo di lavorazione è troppo breve. Per risolvere questo problema, assicurati di lavorare rapidamente ma con precisione, utilizzando il monomero in modo efficiente per mantenere l'acrilico morbido e modellabile il più a lungo possibile. Inoltre, puoi utilizzare strumenti specifici come pennelli acrilici di diverse dimensioni per modellare l'acrilico con maggiore precisione e facilità.

Altri problemi comuni includono la separazione dell'acrilico dall'unghia naturale, la rottura prematura dell'acrilico e la mancanza di aderenza dell'acrilico all'unghia naturale. Questi problemi possono essere causati da una preparazione insufficiente dell'unghia naturale, una mancanza di adesione tra l'acrilico e l'unghia naturale, o un'applicazione impropria dell'acrilico stesso. Per risolvere questi problemi, assicurati di seguire attentamente i passaggi di preparazione dell'unghia naturale, utilizzare prodotti di alta qualità e applicare l'acrilico con cura e precisione.

In conclusione, affrontare i problemi comuni nella ricostruzione con acrilico richiede pazienza, pratica e conoscenza delle tecniche corrette. Con la pratica costante e l'esperienza, sarai in grado di affrontare con successo qualsiasi problema possa sorgere durante il processo di ricostruzione, garantendo risultati eccezionali per le tue clienti.

XII. Preparazione dell'Unghia Naturale per la Ricostruzione con Acrilico

1. Valutazione dello Stato dell'Unghia Naturale

Prima di iniziare qualsiasi procedura di ricostruzione con acrilico, è essenziale condurre una valutazione completa dello stato dell'unghia naturale del cliente. Questa fase preliminare è cruciale per determinare la condizione dell'unghia e identificare eventuali problemi o patologie che potrebbero influenzare il processo di ricostruzione.

La valutazione dovrebbe includere una serie di passaggi metodici e accurati. Innanzitutto, osservare attentamente l'aspetto generale dell'unghia, controllando il colore, la forma e la consistenza. Si dovrebbe prestare particolare attenzione a eventuali anomalie, come deformità strutturali, decolorazione, striature o ispessimenti.

Successivamente, esaminare la salute dell'unghia controllando la presenza di segni di danni o infezioni, come fungo, micosi o irritazioni cutanee. È importante notare la presenza di qualsiasi segno di rottura, desquamazione o separazione dell'unghia dal letto ungueale.

Inoltre, valutare la lunghezza e lo spessore dell'unghia naturale, prendendo in considerazione la resistenza e la flessibilità dell'unghia stessa. Questo aiuta a determinare la quantità di prodotto di ricostruzione da applicare e la tecnica migliore da utilizzare per ottenere risultati ottimali.

Infine, prendere nota delle abitudini e delle attività quotidiane del cliente che potrebbero influenzare la durata e la tenuta della ricostruzione, come il lavoro manuale o lo sport praticato. Queste informazioni possono orientare le scelte durante la procedura di ricostruzione e nella raccomandazione di prodotti per la cura domiciliare.

Una valutazione completa dello stato dell'unghia naturale fornisce una base solida per una ricostruzione efficace e duratura, garantendo risultati estetici e funzionali ottimali per il cliente.

2. Rimozione del Vecchio Prodotto e Pulizia dell'Unghia

La rimozione del vecchio prodotto e la pulizia dell'unghia sono fasi fondamentali della preparazione per la ricostruzione con acrilico. Questo processo assicura che l'unghia sia libera da residui di prodotto precedente, oli, eccesso di cuticole e batteri, fornendo una base pulita e sicura per l'applicazione del nuovo acrilico.

Per iniziare, è importante rimuovere delicatamente il vecchio prodotto dalle unghie utilizzando un'apposita lima o un trapano elettrico con un'adeguata punta. Durante questa fase, il tecnico deve prestare particolare attenzione per non danneggiare l'unghia naturale sottostante e per evitare di limare troppo a fondo, il che potrebbe indebolire l'unghia stessa.

Dopo aver rimosso il vecchio prodotto, è necessario pulire accuratamente l'unghia e la zona circostante utilizzando un detergente delicato e un disinfettante specifico per unghie. Questo passaggio è cruciale per eliminare eventuali residui di prodotto, oli, e batteri, che potrebbero compromettere l'adesione e l'integrità della ricostruzione.

Successivamente, è consigliabile spingere delicatamente le cuticole indietro utilizzando un bastoncino di legno o di metallo, in modo da esporre completamente il letto ungueale e garantire una migliore adesione del nuovo acrilico. È importante eseguire questa operazione con cautela per evitare lesioni o danni alla cuticola e alla pelle circostante.

Infine, è fondamentale asciugare accuratamente l'unghia utilizzando un panno o un batuffolo di cotone sterile per rimuovere eventuali residui di liquidi e assicurarsi che l'unghia sia completamente asciutta prima di procedere con l'applicazione del nuovo acrilico.

In sintesi, la rimozione del vecchio prodotto e la pulizia dell'unghia costituiscono una fase critica della preparazione per la ricostruzione con acrilico, che assicura una superficie pulita e sicura per ottenere risultati ottimali e duraturi.

3. Taglio e Limatura dell'Unghia Naturale

Il taglio e la limatura dell'unghia naturale sono passaggi cruciali nella preparazione per la ricostruzione con acrilico. Queste operazioni sono essenziali per garantire che l'unghia abbia una forma uniforme, che sia priva di irregolarità e che sia adatta per l'applicazione del nuovo prodotto.

Prima di procedere con il taglio, è importante valutare la lunghezza e la forma desiderata dell'unghia in base alle preferenze del cliente e al suo stile di vita. È consigliabile utilizzare un tagliaunghie o delle forbici per unghie di alta qualità e assicurarsi di tagliare l'unghia dritta o seguendo la forma naturale della cuticola per evitare di indebolire l'unghia o causare eventuali lesioni cutanee.

Dopo il taglio, è necessario utilizzare una lima per unghie per rifinire la forma dell'unghia e uniformare eventuali asperità sui bordi. È consigliabile utilizzare una lima a grana fine o extra fine per evitare di danneggiare l'unghia e per ottenere una superficie liscia e uniforme.

Durante la limatura, è importante mantenere un movimento regolare e delicato per evitare di indebolire o danneggiare l'unghia naturale. È possibile utilizzare diverse tecniche di limatura, come la limatura a quadrato, a mandorla, a punta o a squoval, in base alle preferenze del cliente e al risultato desiderato.

Inoltre, è importante prestare attenzione alla cuticola durante il processo di limatura e assicurarsi di non danneggiarla o irritarla. È consigliabile utilizzare una lima morbida o un buffer per rimuovere delicatamente eventuali cuticole secche o ispessite e per ammorbidire la pelle circostante.

Infine, è fondamentale pulire accuratamente l'unghia e la zona circostante dopo il taglio e la limatura, utilizzando un detergente delicato e un disinfettante specifico per unghie per rimuovere eventuali residui e batteri.

In conclusione, il taglio e la limatura dell'unghia naturale sono passaggi essenziali nella preparazione per la ricostruzione con acrilico, che assicurano una base solida e uniforme per ottenere risultati ottimali e duraturi.

4. Preparazione della Matrice Unghiale

La preparazione della matrice unghiale è un passaggio fondamentale nella ricostruzione delle unghie con acrilico, in quanto contribuisce a garantire una base solida e durevole per l'applicazione del nuovo prodotto. Questa fase richiede attenzione e precisione per ottenere risultati ottimali e assicurare la salute e l'integrità dell'unghia naturale.

Il primo passo nella preparazione della matrice unghiale è rappresentato dalla rimozione delle cuticole e delle cellule morte presenti sulla lamina ungueale. Questo può essere fatto utilizzando un morbido spingi-cuticole o un bastoncino di legno per spingere delicatamente le cuticole verso l'esterno, seguito da una limatura leggera con una lima a grana fine per rimuovere delicatamente le cellule morte e levigare la superficie dell'unghia.

Successivamente, è importante valutare lo stato della matrice unghiale per individuare eventuali irregolarità o imperfezioni che potrebbero compromettere la ricostruzione. Questo può includere la presenza di solchi, rigature o superfici irregolari che potrebbero richiedere una correzione prima dell'applicazione dell'acrilico.

Per preparare la matrice unghiale in modo ottimale, è consigliabile utilizzare un primer specifico per acrilico per migliorare l'adesione del prodotto all'unghia naturale. Il primer aiuta a creare un legame chimico tra l'acrilico e la superficie dell'unghia, garantendo una maggiore aderenza e durata della ricostruzione.

Durante l'applicazione del primer, è importante assicurarsi di applicare uno strato sottile e uniforme sulla superficie dell'unghia, evitando il contatto con la pelle circostante per prevenire eventuali irritazioni o reazioni cutanee indesiderate.

Infine, è fondamentale lasciare asciugare il primer completamente prima di procedere con l'applicazione dell'acrilico, garantendo così una base stabile e aderente per la ricostruzione.

In conclusione, la preparazione della matrice unghiale è un passaggio cruciale nella ricostruzione delle unghie con acrilico, che richiede attenzione ai dettagli e l'uso di prodotti specifici per ottenere risultati ottimali e duraturi.

5. Igienizzazione e Disinfezione dell'Unghia Naturale

L'igiene e la disinfezione dell'unghia naturale sono aspetti cruciali nella pratica della ricostruzione delle unghie, poiché contribuiscono a garantire un ambiente sicuro e sanitario per il cliente e il tecnico delle unghie. Prima di iniziare qualsiasi procedura di ricostruzione con acrilico, è essenziale seguire rigorose linee guida igieniche per prevenire il rischio di infezioni e contaminazioni.

Il primo passo nell'igiene e nella disinfezione dell'unghia naturale è rappresentato dalla pulizia delle mani del cliente e del tecnico con acqua e sapone antibatterico, seguita dall'applicazione di un disinfettante a base di alcol per ridurre al minimo la presenza di batteri e germi sulla superficie delle mani.

Successivamente, è importante rimuovere eventuali residui di smalto o prodotti per le unghie utilizzando un solvente specifico e una garza sterile per pulire accuratamente la superficie dell'unghia e garantire una migliore aderenza del prodotto durante la ricostruzione.

Una volta completata la pulizia dell'unghia, è necessario procedere con la disinfezione utilizzando un disinfettante adatto per le unghie e approvato dalle normative sanitarie. Il disinfettante dovrebbe essere applicato con cura sulla superficie dell'unghia utilizzando un tampone sterile, assicurandosi di coprire completamente l'intera area dell'unghia e lasciando agire il disinfettante per il tempo consigliato dal produttore.

Durante il processo di disinfezione, è importante evitare il contatto del disinfettante con la pelle circostante per prevenire irritazioni o reazioni cutanee indesiderate.

Infine, è fondamentale adottare misure igieniche adeguate durante l'intera procedura di ricostruzione, come l'uso di guanti monouso, la sterilizzazione degli strumenti e l'adozione di pratiche di pulizia e disinfezione regolari per garantire un ambiente di lavoro sicuro e igienico.

In conclusione, l'igiene e la disinfezione dell'unghia naturale sono passaggi fondamentali nella pratica della ricostruzione delle unghie con acrilico, che devono essere eseguiti con cura e attenzione per garantire la sicurezza e la salute del cliente e del tecnico delle unghie.

XIII. Applicazione dell'Acrilico: Passaggi Fondamentali

1. Preparazione del Monomero e della Polvere Acrilica

La preparazione del monomero e della polvere acrilica è un passaggio fondamentale nella ricostruzione delle unghie con tecnica acrilica. Prima di iniziare qualsiasi lavoro, è essenziale assicurarsi di avere a disposizione tutti gli strumenti e i materiali necessari e di garantire un ambiente pulito e ben ventilato per lavorare in sicurezza.

Per preparare il monomero, è importante utilizzare un contenitore pulito e sterile. Versare una quantità adeguata di monomero nel contenitore, assicurandosi di non riempirlo troppo per evitare eventuali versamenti. È consigliabile utilizzare un dosatore per misurare con precisione la quantità di monomero necessaria, in modo da evitare sprechi e garantire una miscelazione corretta.

Una volta versato il monomero nel contenitore, è il momento di aggiungere la polvere acrilica. Utilizzare un pennello acrilico per prelevare una piccola quantità di polvere e aggiungerla al monomero. Mescolare delicatamente il monomero e la polvere con il pennello finché non si forma una consistenza omogenea e priva di grumi. Assicurarsi di mescolare bene per evitare la formazione di bolle d'aria, che potrebbero compromettere la qualità del lavoro finale.

Durante la preparazione del monomero e della polvere acrilica, è importante prestare attenzione alla consistenza della miscela. La consistenza ideale dipende dal tipo di lavoro che si sta svolgendo e dalle preferenze personali del professionista. In generale, una consistenza più sottile è adatta per lavori più dettagliati e una consistenza più spessa è adatta per costruzioni più robuste.

Una volta preparato il monomero e la polvere acrilica, è consigliabile coprire il contenitore con un coperchio per evitare l'evaporazione del monomero e la contaminazione della miscela. Assicurarsi inoltre di pulire accuratamente il pennello acrilico dopo l'uso per evitare l'indurimento dei residui di polvere sulla setola.

In conclusione, la corretta preparazione del monomero e della polvere acrilica è essenziale per ottenere risultati ottimali nella ricostruzione delle unghie. Seguendo attentamente i passaggi descritti e prestando attenzione alla consistenza della miscela, è possibile garantire una lavorazione efficace e sicura.

2. Tecniche di Applicazione dell'Acrilico: Metodo Wet e Metodo Dry

Nella ricostruzione delle unghie con tecnica acrilica, esistono due principali tecniche di applicazione: il metodo wet e il metodo dry. Entrambi i metodi hanno le proprie caratteristiche e vantaggi, e la scelta tra i due dipende spesso dalle preferenze personali del professionista e dalle esigenze del cliente.

Il metodo wet, anche conosciuto come "bagnato su bagnato", prevede l'applicazione del monomero e della polvere acrilica su unghie umide. Questa tecnica consente una maggiore lavorabilità del prodotto, in quanto il monomero aiuta a spalmare uniformemente la polvere acrilica sull'unghia, facilitando la modellazione e la creazione di una superficie liscia. Inoltre, il metodo wet permette una migliore adesione tra il prodotto e l'unghia naturale, garantendo una maggiore durata e resistenza della ricostruzione. Tuttavia, è importante prestare attenzione alla quantità di monomero utilizzata, in quanto un'eccessiva umidità potrebbe compromettere la consistenza e la solidità del prodotto.

D'altra parte, il metodo dry, o "asciutto su asciutto", prevede l'applicazione del monomero su unghie asciutte prima di aggiungere la polvere acrilica. Questo metodo è particolarmente adatto per i professionisti che preferiscono una maggiore precisione e controllo durante la lavorazione, in quanto consente di modellare il prodotto con maggiore precisione e di ottenere un risultato finale più sottile e leggero. Inoltre, il metodo dry è ideale per la costruzione di unghie con curve pronunciate o forme particolari, in quanto permette di creare linee definite e dettagliate. Tuttavia, è importante lavorare rapidamente con il prodotto una volta applicato, poiché il monomero evapora rapidamente e può causare la formazione di bolle d'aria o la perdita di adesione.

In conclusione, sia il metodo wet che il metodo dry sono valide opzioni per l'applicazione dell'acrilico nella ricostruzione delle unghie. La scelta tra i due dipende dalle preferenze e dalle competenze del professionista, nonché dalle caratteristiche specifiche del lavoro da eseguire. Sperimentare entrambe le tecniche e trovare quella più adatta alle proprie esigenze può aiutare a ottenere risultati ottimali e soddisfare le aspettative dei clienti.

3. Formazione del Sorriso e della Curva C con Acrilico

La formazione del sorriso e della curva C durante la ricostruzione delle unghie con acrilico è un processo cruciale per ottenere un risultato estetico e strutturale ottimale. Queste due caratteristiche conferiscono alle unghie ricostruite un aspetto naturale e armonioso, nonché una resistenza e una durata superiori nel tempo.

Per formare il sorriso, che è la parte curva della lunetta libera dell'unghia, è importante utilizzare una tecnica precisa e delicata. Innanzitutto, dopo aver applicato il monomero e la polvere acrilica sull'unghia, il professionista deve utilizzare un pennello acrilico per modellare delicatamente la parte superiore dell'unghia, curvandola leggermente verso l'alto per creare il sorriso desiderato. È fondamentale lavorare con attenzione e precisione, mantenendo la simmetria tra entrambe le unghie e assicurandosi che il sorriso abbia una forma uniforme e armoniosa.

La curva C, invece, si riferisce alla curvatura dell'unghia dall'attaccatura alla punta. Per ottenere una curva C ben definita e uniforme, il professionista deve modellare accuratamente la polvere acrilica lungo il letto ungueale, assicurandosi di mantenere una linea fluida e armoniosa dall'attaccatura fino alla punta dell'unghia. Questo richiede una mano ferma e una buona comprensione della forma e della struttura dell'unghia naturale.

Durante questo processo, è essenziale prestare particolare attenzione alla simmetria e alla proporzione, assicurandosi che il sorriso e la curva C siano bilanciati e si integrino perfettamente con la struttura dell'unghia naturale. Inoltre, è importante considerare le preferenze estetiche del cliente e adattare la forma e la curvatura dell'unghia in base ai suoi desideri e alle caratteristiche delle sue mani.

In conclusione, la formazione del sorriso e della curva C durante la ricostruzione delle unghie con acrilico richiede tecnica, precisione e attenzione ai dettagli. Con una pratica diligente e una comprensione approfondita delle tecniche di modellatura, è possibile ottenere risultati eccellenti che soddisfano le esigenze e le aspettative dei clienti.

4. Asciugatura e Polimerizzazione dell'Acrilico

L'asciugatura e la polimerizzazione dell'acrilico sono fasi cruciali durante il processo di ricostruzione delle unghie. Queste operazioni assicurano non solo la corretta solidificazione del materiale acrilico, ma anche la durata e la stabilità della ricostruzione nel tempo.

Dopo aver modellato l'acrilico sulla superficie dell'unghia naturale, è fondamentale garantire che il prodotto si asciughi e polimerizzi correttamente per evitare deformazioni, crepe o distacchi prematuri. Esistono diverse metodologie e tecnologie per l'asciugatura e la polimerizzazione dell'acrilico, ciascuna con le proprie caratteristiche e vantaggi.

Una delle tecniche più comuni è l'asciugatura all'aria. Dopo
aver applicato l'acrilico sull'unghia, è possibile consentire al
prodotto di asciugarsi naturalmente all'aria. Questo metodo
richiede generalmente più tempo, ma è una scelta sicura e
affidabile per garantire una polimerizzazione completa
dell'acrilico.

Un'altra opzione è l'utilizzo di lampade UV o LED per
accelerare il processo di polimerizzazione. Queste lampade
emettono una luce specifica che aiuta a indurre la reazione
chimica che trasforma l'acrilico da liquido a solido. Le lampade
UV e LED sono ampiamente utilizzate nei saloni di bellezza
per ridurre i tempi di asciugatura e garantire una rapida
polimerizzazione dell'acrilico.

È importante seguire attentamente le istruzioni del produttore
per quanto riguarda il tempo di esposizione e la distanza dalla
lampada durante l'uso. Inoltre, è consigliabile verificare
periodicamente l'indurimento dell'acrilico durante il processo di
polimerizzazione per assicurarsi che tutte le aree siano
correttamente solidificate.

Un'altra considerazione importante è la temperatura e l'umidità
dell'ambiente in cui avviene il processo di asciugatura e
polimerizzazione. Temperature troppo basse o eccessiva
umidità possono rallentare il processo di indurimento
dell'acrilico, mentre temperature troppo alte possono causare
deformazioni o crepe nel prodotto.

In conclusione, l'asciugatura e la polimerizzazione dell'acrilico
sono fasi critiche durante la ricostruzione delle unghie.
Utilizzando le giuste tecniche e attrezzature, è possibile
garantire una polimerizzazione completa e uniforme
dell'acrilico, assicurando così risultati duraturi e di alta qualità.

5. Rifinitura e Lucidatura delle Unghie Ricostruite con Acrilico

La rifinitura e la lucidatura delle unghie ricostruite con acrilico sono passaggi essenziali per ottenere un risultato finale impeccabile e professionale. Queste fasi non solo migliorano l'aspetto estetico delle unghie, ma contribuiscono anche a garantire la durata e la resistenza della ricostruzione nel tempo.

Il primo passo nella rifinitura delle unghie è l'uso di lime e buffer per modellare e levigare la superficie acrilica. Le lime vengono utilizzate per regolare la forma e la lunghezza delle unghie, eliminando eventuali irregolarità o sporgenze. È importante lavorare con delicatezza e precisione per ottenere una forma uniforme e armoniosa.

Una volta completata la fase di limatura, si passa alla lucidatura della superficie acrilica. Questo processo mira a conferire brillantezza e lucentezza alle unghie, rendendole visivamente attraenti e professionali. Esistono diverse tecniche e strumenti per la lucidatura, tra cui buffer lucidanti, lucidatori a tre fasi e polisher elettrici.

I buffer lucidanti sono utilizzati per eliminare eventuali segni di limatura sulla superficie dell'acrilico e per preparare le unghie per la fase successiva della lucidatura. Questi buffer sono generalmente disponibili in diversi gradi di abrasività, consentendo di ottenere una superficie liscia e uniforme senza danneggiare il materiale acrilico sottostante.

Dopo aver utilizzato i buffer lucidanti, si passa alla fase di lucidatura vera e propria. Questa può essere eseguita utilizzando un lucidatore a tre fasi, che include una serie di dischi lucidanti di diverse granulometrie per ottenere un risultato finale impeccabile. Alternativamente, è possibile utilizzare polisher elettrici che utilizzano rotazioni ad alta velocità per lucidare rapidamente e efficacemente le unghie.

Durante il processo di lucidatura, è importante prestare attenzione alla pressione esercitata sugli strumenti e al tempo dedicato a ogni fase. Una pressione eccessiva o un'eccessiva durata possono causare danni alla superficie acrilica, compromettendo il risultato finale.

In conclusione, la rifinitura e la lucidatura delle unghie ricostruite con acrilico sono passaggi fondamentali per garantire un aspetto professionale e duraturo. Utilizzando le giuste tecniche e strumenti, è possibile ottenere un risultato finale impeccabile che soddisfi le aspettative dei clienti più esigenti.

6. Troubleshooting e Soluzione dei Problemi Comuni durante l'Applicazione dell'Acrilico

Nel corso dell'applicazione dell'acrilico per la ricostruzione delle unghie, è comune incontrare una serie di problemi e difficoltà che possono compromettere il risultato finale. Tuttavia, con la giusta conoscenza e le tecniche corrette, è possibile affrontare e risolvere efficacemente questi problemi, garantendo un lavoro di qualità e soddisfacente per il cliente.

Uno dei problemi più comuni durante l'applicazione dell'acrilico è rappresentato dalla formazione di bolle d'aria all'interno del prodotto. Questo può accadere per diverse ragioni, tra cui l'incorporazione di aria durante la miscelazione del monomero e della polvere acrilica o a causa di movimenti eccessivi durante l'applicazione. Per evitare la formazione di bolle d'aria, è fondamentale miscelare il monomero e la polvere acrilica con delicatezza e senza creare movimenti bruschi. Inoltre, è importante lavorare con rapidità ed efficienza per evitare che il prodotto si asciughi troppo rapidamente, causando la formazione di bolle.

Un altro problema comune durante l'applicazione dell'acrilico è rappresentato dalla formazione di grumi o irregolarità sulla superficie delle unghie. Questo può verificarsi se il prodotto viene applicato in strati troppo spessi o se non viene lavorato rapidamente ed uniformemente. Per evitare la formazione di grumi, è consigliabile applicare l'acrilico in strati sottili e uniformi, lavorando con precisione e rapidità per distribuire il prodotto in modo omogeneo su tutta la superficie dell'unghia.

Un altro problema che può verificarsi durante l'applicazione dell'acrilico è la separazione del prodotto dall'unghia naturale, noto anche come sollevamento. Questo può essere causato da una preparazione inadeguata dell'unghia naturale, dalla presenza di oli o residui sulla superficie dell'unghia o da un'applicazione impropria del prodotto. Per prevenire il sollevamento, è importante seguire attentamente i passaggi di preparazione dell'unghia naturale, assicurandosi di rimuovere completamente qualsiasi residuo di oli o prodotti dalla superficie dell'unghia. Inoltre, è fondamentale applicare il prodotto con precisione e aderire ai tempi di asciugatura consigliati per garantire una perfetta adesione tra l'acrilico e l'unghia naturale.

Inoltre, è possibile incontrare problemi legati alla colorazione dell'acrilico, alla consistenza del prodotto o alla sua durata. Questi problemi possono essere risolti mediante l'uso di prodotti di alta qualità, una corretta tecnica di applicazione e una corretta manutenzione delle unghie ricostruite.

In conclusione, affrontare e risolvere i problemi comuni durante l'applicazione dell'acrilico richiede conoscenza, esperienza e pazienza. Con la pratica e l'attenzione ai dettagli, è possibile ottenere risultati eccellenti e soddisfare le esigenze dei clienti più esigenti.

XIV. Tecniche Avanzate per la Ricostruzione con Acrilico

1. Miglioramento della Struttura dell'Unghia con Acrilico

Il miglioramento della struttura dell'unghia con acrilico è un'abilità fondamentale per ogni tecnico delle unghie. Questo processo non solo consente di correggere eventuali difetti strutturali dell'unghia naturale, ma permette anche di creare una base solida e resistente per l'applicazione di ulteriori strati di prodotto. Prima di iniziare il processo di ricostruzione, è essenziale valutare attentamente lo stato dell'unghia naturale e identificare eventuali aree che richiedono particolare attenzione.

La procedura inizia con la preparazione accurata dell'unghia naturale, che include la rimozione di qualsiasi residuo di smalto e la spinta delle cuticole. Successivamente, si procede con la limatura leggera dell'unghia per eliminare eventuali irregolarità e creare una superficie uniforme. Questo passaggio è cruciale per garantire che il prodotto aderisca correttamente all'unghia naturale e che il risultato finale sia esteticamente gradevole.

Una volta preparata l'unghia, si passa alla creazione della struttura con l'acrilico. Questo viene realizzato applicando un sottile strato di monomero su tutta l'unghia e successivamente prelevando piccole quantità di polvere acrilica con il pennello e depositandole sull'unghia umida di monomero. Utilizzando tecniche di modellazione e scolpitura, il tecnico plasma l'acrilico per creare la forma desiderata e migliorare la struttura dell'unghia.

Durante questo processo, è importante lavorare con precisione e attenzione ai dettagli per garantire una struttura uniforme e ben bilanciata. Inoltre, è fondamentale assicurarsi che l'acrilico sia applicato in modo corretto e uniforme per evitare la formazione di bolle d'aria o crepe.

Una volta completata la ricostruzione, è possibile procedere con la rifinitura dell'unghia per ottenere una superficie liscia e uniforme. Questo può includere la limatura e la lucidatura dell'acrilico per ottenere una finitura perfetta e professionale.

In conclusione, il miglioramento della struttura dell'unghia con acrilico richiede competenze tecniche e una buona comprensione dei principi di base della ricostruzione delle unghie. Con la pratica e la pazienza, è possibile ottenere risultati sorprendenti e soddisfacenti che soddisfano le esigenze e le preferenze dei clienti.

2. Tecniche Avanzate di Nail Art con Acrilico

Le tecniche avanzate di nail art con acrilico rappresentano un ambito affascinante e creativo della ricostruzione delle unghie. Questo capitolo si propone di esplorare le diverse metodologie e strategie per realizzare decorazioni straordinarie e di tendenza utilizzando l'acrilico come medium principale.

Una delle tecniche più popolari è quella della scultura tridimensionale con acrilico, che consente di creare design intricati e dettagliati direttamente sull'unghia. Questo processo coinvolge l'uso di piccoli strumenti di modellazione per plasmare l'acrilico in forme e texture uniche, come fiori, animali, o elementi geometrici. La sfumatura dei colori e l'aggiunta di dettagli con pittura acrilica o gel colorati possono ulteriormente arricchire il design, conferendogli profondità e realismo.

Un'altra tecnica avanzata è quella dell'incorporazione di materiali decorativi nell'acrilico, come glitter, paillettes, o fiori secchi. Questo permette di creare effetti brillanti e texture interessanti, aggiungendo un tocco di lusso e originalità alle creazioni. È importante imparare a gestire correttamente questi materiali per garantire una perfetta aderenza e durata nel tempo.

La tecnica del reverse method, o "metodo inverso", è un'altra opzione per realizzare nail art con acrilico di alta qualità. Questo approccio prevede l'applicazione dello strato acrilico direttamente su una superficie piatta, come un piattino di vetro o una pellicola adesiva, e successivamente la rimozione e l'applicazione del design sull'unghia. Questo consente una maggiore precisione e controllo nella creazione di dettagli complessi e delicati.

Infine, le tecniche di incisione e intaglio dell'acrilico offrono infinite possibilità creative per realizzare motivi incisi o intagliati direttamente sull'unghia. Questo richiede una mano ferma e una certa abilità nel maneggiare gli strumenti di incisione, ma i risultati possono essere straordinariamente belli e unici.

In conclusione, le tecniche avanzate di nail art con acrilico offrono un mondo di possibilità per esprimere la propria creatività e talento. Con un po' di pratica e dedizione, è possibile creare decorazioni spettacolari e personalizzate che stupiranno e delizieranno i clienti.

3. Utilizzo di Incisioni e Decorazioni 3D

L'utilizzo di incisioni e decorazioni 3D rappresenta un'ulteriore evoluzione nell'arte delle unghie con acrilico, consentendo di aggiungere dettagli intricati e dimensione alle creazioni. Questa tecnica coinvolge l'uso di strumenti specializzati per incidere l'acrilico e creare motivi incisi o intagliati direttamente sull'unghia.

Per ottenere risultati ottimali, è importante selezionare gli strumenti giusti, come punte di trapano sottili o bisturi per un controllo preciso e una lavorazione delicata dell'acrilico. Prima di iniziare, è consigliabile esercitarsi su superfici di pratica per acquisire familiarità con gli strumenti e perfezionare la tecnica.

Le incisioni possono essere realizzate in una varietà di stili e motivi, tra cui linee geometriche, arabeschi intricati, o disegni ispirati alla natura. Questa tecnica consente una grande libertà creativa, permettendo di personalizzare ogni design secondo le preferenze del cliente e le tendenze di moda del momento.

Le decorazioni 3D aggiungono un elemento di fascino e dimensione alle unghie, consentendo di creare effetti tridimensionali impressionanti. Questo può essere realizzato utilizzando piccoli elementi decorativi, come perline, strass, perline di vetro, o gemme, che vengono applicati sull'acrilico fresco per creare design unici e accattivanti.

Durante l'applicazione di incisioni e decorazioni 3D, è fondamentale prestare attenzione alla cura e alla precisione, assicurandosi che gli elementi aggiunti siano saldamente ancorati all'acrilico di base e che non interferiscano con la funzionalità o la durata della ricostruzione dell'unghia.

Infine, una volta completata la lavorazione, è importante sigillare accuratamente l'intero design con uno strato protettivo di top coat trasparente per garantire una finitura durevole e resistente.

In conclusione, l'utilizzo di incisioni e decorazioni 3D offre un'ampia gamma di possibilità creative per elevare il livello delle creazioni con acrilico, consentendo di realizzare design unici e mozzafiato che sicuramente attireranno l'attenzione.

4. Creazione di Effetti Speciali con Acrilico

La creazione di effetti speciali con acrilico rappresenta un'arte sofisticata e coinvolgente che permette di aggiungere elementi sorprendenti e innovativi alle ricostruzioni unghie. Questa tecnica implica l'uso di diverse tecniche avanzate per ottenere risultati unici e di grande impatto visivo.

Uno degli effetti speciali più popolari è l'effetto marmo, che ricrea l'aspetto vellutato e stratificato del marmo naturale sull'unghia. Questo effetto può essere realizzato mescolando diverse tonalità di acrilico per creare un motivo marmoreo, che viene quindi applicato sull'unghia e manipolato con strumenti specifici per ottenere l'effetto desiderato.

Un altro effetto spettacolare è l'effetto olografico, che aggiunge un tocco di brillantezza e luminosità alle unghie. Questo effetto può essere ottenuto utilizzando polveri o pigmenti olografici che creano un riflesso arcobaleno quando esposti alla luce, dando alle unghie un aspetto scintillante e magico.

Inoltre, l'effetto traslucido è molto apprezzato per la sua delicatezza e raffinatezza. Questo effetto si ottiene applicando uno strato sottile di acrilico trasparente sull'unghia e incorporando elementi decorativi, come fiori secchi o foglie d'oro, per creare un look etereo e sofisticato.

Un'altra tecnica avanzata è l'incorporazione di oggetti tridimensionali nell'acrilico, come perline, glitter, o piccoli gioielli, per aggiungere texture e interesse visivo alle unghie. Questo permette di creare design unici e personalizzati che si distinguono per la loro originalità e creatività.

Durante la creazione di effetti speciali con acrilico, è importante esercitare un controllo preciso e una tecnica accurata per garantire risultati impeccabili. È consigliabile praticare su superfici di pratica per perfezionare le tecniche e acquisire fiducia nell'applicazione degli effetti speciali.

Infine, una volta completata la lavorazione, è essenziale sigillare l'intero design con uno strato protettivo di top coat trasparente per garantire una finitura durevole e resistente nel tempo.

In conclusione, la creazione di effetti speciali con acrilico offre infinite possibilità creative per elevare il livello delle ricostruzioni unghie, consentendo di realizzare design straordinari e unici che sicuramente attireranno l'attenzione.

5. Ricostruzione delle Unghie con Acrilico: Approfondimenti sulla Tecnica French Reverse

La tecnica French Reverse è una variante innovativa della classica French manicure, che offre un approccio unico e creativo alla ricostruzione delle unghie con acrilico. Questa tecnica si contraddistingue per l'applicazione della punta bianca sull'estremità libera dell'unghia, invertendo così l'aspetto tradizionale della French manicure.

Per realizzare la French Reverse, è fondamentale seguire una serie di passaggi precisi e utilizzare strumenti specifici per ottenere risultati impeccabili. Innanzitutto, è importante preparare l'unghia naturale eseguendo la rimozione del vecchio prodotto e la pulizia accurata dell'unghia. Successivamente, si procede con la creazione della struttura dell'unghia utilizzando il monomero e la polvere acrilica, assicurandosi di modellare l'unghia con cura per ottenere la forma desiderata.

Una volta completata la creazione della struttura dell'unghia, si passa alla fase della tecnica French Reverse. In questo passaggio, si applica la punta bianca sull'estremità libera dell'unghia, creando così il caratteristico bordo bianco della French manicure in modo invertito. Questo può essere fatto utilizzando una punta acrilica bianca pre-fabbricata o creando manualmente il bordo bianco con l'acrilico bianco liquido e la polvere acrilica bianca.

Dopo aver applicato la punta bianca, si procede con la costruzione del letto dell'unghia utilizzando l'acrilico trasparente o rosa, avendo cura di integrare uniformemente la punta bianca nell'unghia per un aspetto naturale e armonioso. Questa fase richiede precisione e attenzione ai dettagli per garantire una transizione fluida tra la punta bianca e il letto dell'unghia.

Una volta completata la ricostruzione dell'unghia con la tecnica
French Reverse, si passa alla rifinitura e alla lucidatura
dell'unghia per ottenere una superficie liscia e brillante. Infine,
si applica uno strato di top coat trasparente per proteggere e
sigillare il design.

La tecnica French Reverse offre un'elegante e moderna
interpretazione della French manicure, che si adatta
perfettamente a una varietà di stili e occasioni. Con la pratica e
la padronanza della tecnica, è possibile creare ricostruzioni
unghie spettacolari e raffinate che sicuramente attireranno
l'attenzione.

6. Incastonature e Applicazioni di Cristalli con Acrilico

Le incastonature e le applicazioni di cristalli con acrilico
rappresentano una delle tecniche più creative e apprezzate nel
mondo della ricostruzione unghie. Questa tecnica consente di
arricchire e personalizzare le ricostruzioni unghie con
l'aggiunta di cristalli, pietre e decorazioni, creando così design
unici e sfavillanti che catturano l'attenzione.

Per realizzare incastonature e applicazioni di cristalli con
acrilico, è fondamentale seguire una serie di passaggi precisi e
utilizzare gli strumenti giusti. Innanzitutto, è necessario
preparare l'unghia naturale eseguendo la rimozione del vecchio
prodotto e la pulizia accurata dell'unghia. Successivamente, si
procede con la creazione della struttura dell'unghia utilizzando
il monomero e la polvere acrilica, modellando l'unghia con cura
per ottenere la forma desiderata.

Una volta completata la creazione della struttura dell'unghia, si passa alla fase delle incastonature e delle applicazioni di cristalli. In questa fase, è possibile utilizzare una varietà di cristalli, pietre e decorazioni per personalizzare il design dell'unghia. Questi possono essere applicati utilizzando il gel o l'acrilico come collante, a seconda delle preferenze personali e della tecnica preferita.

Le incastonature possono essere realizzate posizionando i cristalli direttamente sull'unghia e poi sigillandoli con uno strato di gel o acrilico trasparente. Questa tecnica consente di creare design sofisticati e dettagliati, aggiungendo un tocco di lusso e glamour alle ricostruzioni unghie.

Le applicazioni di cristalli, d'altra parte, possono essere realizzate incollando i cristalli sull'unghia utilizzando il gel o l'acrilico come collante e creando così design personalizzati e sfavillanti. È possibile giocare con diverse forme, dimensioni e colori di cristalli per creare effetti unici e sorprendenti.

Una volta completate le incastonature e le applicazioni di cristalli, si procede con la rifinitura e la lucidatura dell'unghia per ottenere una superficie liscia e brillante. Infine, si applica uno strato di top coat trasparente per proteggere e sigillare il design, garantendo così una durata prolungata e un aspetto impeccabile.

Le incastonature e le applicazioni di cristalli con acrilico offrono infinite possibilità creative e permettono di creare design unghie unici e personalizzati. Con la pratica e la padronanza della tecnica, è possibile creare ricostruzioni unghie spettacolari che sicuramente attireranno l'attenzione e faranno parlare di sé.

7. Tecniche di Intaglio e Scolpitura su Acrilico

Le tecniche di intaglio e scolpitura su acrilico rappresentano un'arte raffinata all'interno del mondo della ricostruzione unghie, che permette di creare dettagli intricati e design sorprendenti direttamente sull'unghia. Questa pratica richiede pazienza, precisione e una buona dose di creatività per realizzare risultati straordinari.

Per iniziare, è fondamentale avere una buona padronanza delle tecniche di applicazione dell'acrilico e della creazione della struttura dell'unghia, poiché una base solida è essenziale per lavorare con successo sull'intaglio e la scolpitura. Una volta che la struttura di base è stata creata, è possibile iniziare ad esplorare le varie tecniche di intaglio e scolpitura.

Una delle tecniche più comuni è quella dell'intaglio a mano libera, che consente di creare design dettagliati utilizzando un pennello sottile e una punta di metallo o legno. Questa tecnica permette di realizzare motivi intricati come fiori, foglie, animali e altri elementi decorativi direttamente sull'unghia, aggiungendo un tocco di originalità e personalità al design.

Un'altra tecnica popolare è quella dell'uso di stampi o stencil per l'intaglio. Questi stampi sono disponibili in una varietà di forme e design e possono essere utilizzati per creare rapidamente e facilmente motivi complessi sull'unghia. Basta posizionare lo stampo sull'unghia e applicare l'acrilico all'interno dello stampo, quindi rimuovere delicatamente lo stampo per rivelare il design intagliato.

È importante esercitare una pressione uniforme durante l'applicazione dell'acrilico per garantire una profondità uniforme e una definizione chiara del design. Inoltre, è consigliabile utilizzare strumenti di intaglio e scolpitura di alta qualità per ottenere risultati precisi e professionali.

Una volta completato l'intaglio e la scolpitura, è possibile procedere con la rifinitura e la lucidatura dell'unghia per ottenere una superficie liscia e uniforme. Infine, si applica uno strato di top coat trasparente per proteggere il design e garantire una durata prolungata.

Con la pratica e la padronanza delle tecniche di intaglio e scolpitura su acrilico, è possibile creare design unghie straordinari che sicuramente attireranno l'attenzione e faranno parlare di sé.

8. Sperimentazione con Colori e Effetti Olografici

La sperimentazione con colori e effetti olografici apre le porte a un mondo di possibilità creative nella ricostruzione delle unghie con acrilico. Questa tecnica consente di giocare con una vasta gamma di colori, sfumature e riflessi per creare design unici e accattivanti che si distinguono per la loro originalità e bellezza.

Per iniziare, è importante avere a disposizione una varietà di pigmenti acrilici di alta qualità in una vasta gamma di colori e finiture, tra cui opaco, lucido, metallizzato e glitterato. Questi pigmenti possono essere mescolati e combinati per creare infinite combinazioni di colori e effetti.

Una delle tecniche più popolari per sperimentare con i colori è la tecnica dello sfumato, che consente di mescolare delicatamente due o più colori per creare una transizione graduale e armoniosa tra di essi. Questa tecnica può essere utilizzata per creare sfondi multicolori o per aggiungere dettagli e sfumature ai design esistenti.

Per ottenere effetti olografici spettacolari, è possibile utilizzare polveri olografiche speciali che riflettono la luce in modo unico, creando un effetto scintillante e brillante sull'unghia. Queste polveri possono essere applicate direttamente sull'acrilico umido o utilizzate per creare dettagli e decorazioni tridimensionali.

Oltre ai colori e agli effetti olografici, è possibile sperimentare con una varietà di tecniche di decorazione, tra cui l'applicazione di strass, perline, paillettes e altri elementi decorativi sull'unghia. Questi elementi aggiungono un tocco di lusso e glamour al design e consentono di creare look personalizzati e di tendenza.

Per ottenere i migliori risultati, è importante esercitare la giusta quantità di pressione durante l'applicazione dei pigmenti e degli elementi decorativi e utilizzare strumenti di precisione per ottenere dettagli precisi e puliti. Inoltre, è consigliabile praticare su unghie finte o su unghie artificiali prima di sperimentare direttamente sull'unghia naturale.

Con la pratica e la padronanza delle tecniche di sperimentazione con colori e effetti olografici, è possibile creare design unghie straordinari che sicuramente attireranno l'attenzione e faranno parlare di sé.

9. Utilizzo di Pigmenti e Glitter per Creare Effetti Unici

L'utilizzo di pigmenti e glitter per creare effetti unici è una delle tecniche più sorprendenti e versatili nella ricostruzione delle unghie con acrilico. I pigmenti offrono una vasta gamma di colori vibranti e intensi che possono essere mescolati tra loro per creare sfumature uniche e personalizzate. D'altra parte, i glitter aggiungono un tocco di brillantezza e glamour ai design, catturando la luce in modo spettacolare.

Per utilizzare i pigmenti in modo efficace, è importante selezionare pigmenti di alta qualità che offrano una copertura uniforme e duratura sull'unghia. Questi pigmenti possono essere applicati direttamente sull'acrilico umido per ottenere un effetto intenso e pieno, o possono essere utilizzati per creare dettagli e sfumature nei design.

Per creare un effetto sfumato con i pigmenti, è possibile utilizzare una tecnica di pennellatura delicata per mescolare delicatamente due o più colori insieme, creando una transizione graduale e armoniosa tra di essi. Questa tecnica consente di ottenere sfondi multicolori o di aggiungere dettagli e sfumature ai design esistenti.

I glitter, d'altra parte, possono essere applicati direttamente sull'acrilico umido o utilizzati per creare dettagli e decorazioni tridimensionali. È possibile selezionare glitter di diverse dimensioni e finiture, come glitter fini, grossi o iridescenti, per ottenere l'effetto desiderato.

Per ottenere i migliori risultati con i pigmenti e i glitter, è consigliabile utilizzare uno strumento di applicazione preciso, come un pennello sottile o un applicatore a punta, per controllare con precisione la quantità e la distribuzione del prodotto sull'unghia. Inoltre, è importante sigillare il design con uno strato di sigillante trasparente per proteggere e prolungare la durata del lavoro.

Con la pratica e l'esplorazione di diverse combinazioni di pigmenti e glitter, è possibile creare effetti unici e personalizzati che si distinguono per la loro bellezza e originalità, garantendo risultati sorprendenti e soddisfacenti per le clienti.

10. Tecniche di Ricostruzione per Unghie con Forme Particolari

Le tecniche di ricostruzione per unghie con forme particolari rappresentano una parte fondamentale del repertorio di ogni tecnico delle unghie. Ogni cliente ha unghie con forme e contorni unici, e spesso è richiesto al professionista di adattare la ricostruzione in base alle caratteristiche specifiche di ciascuna unghia.

Per affrontare questa sfida, è essenziale avere una conoscenza approfondita delle varie tecniche di ricostruzione disponibili e saperle adattare alle esigenze individuali di ogni cliente. Una delle tecniche più utilizzate è quella della scultura dell'acrilico, che consente al tecnico di modellare l'acrilico con precisione per creare la forma desiderata dell'unghia. Questa tecnica è particolarmente utile per correggere unghie danneggiate o deformate e per creare una base solida su cui applicare il gel o altri materiali per la ricostruzione.

Un'altra tecnica comune è quella della stratificazione, che prevede l'applicazione di più strati di gel o acrilico per aggiungere volume e forma all'unghia senza appesantirla. Questa tecnica è particolarmente adatta per creare unghie lunghe e sottili o per aggiungere rinforzi a unghie deboli o fragili.

Per le unghie con forme particolari, come quelle a mandorla, a stiletto o squovali, è importante prestare particolare attenzione alla preparazione dell'unghia naturale e alla modellazione dell'apice per garantire una forma uniforme e bilanciata. Questo può richiedere l'uso di strumenti specifici, come lime e buffer di diverse forme e grane, per scolpire con precisione la forma desiderata.

Inoltre, è fondamentale considerare la curvatura naturale dell'unghia e l'architettura della cuticola per ottenere risultati estetici e funzionali ottimali. Questo può implicare l'uso di tecniche di bilanciamento e sfumatura per creare transizioni fluide e naturali tra il letto ungueale e l'apice dell'unghia ricostruita.

Con una comprensione approfondita delle tecniche di ricostruzione e una pratica diligente, è possibile raggiungere risultati sorprendenti anche sulle unghie più impegnative, garantendo soddisfazione e fiducia ai propri clienti.

XV. Rifinitura e Lucidatura delle Unghie Ricostruite con Acrilico

1. Importanza della Rifinitura nell'Applicazione dell'Acrilico

La rifinitura rappresenta un aspetto fondamentale nell'intero processo di applicazione dell'acrilico per la ricostruzione delle unghie. Questa fase, spesso sottovalutata ma di cruciale importanza, contribuisce in modo significativo alla qualità finale del lavoro e alla durata dell'applicazione stessa. La corretta rifinitura non solo conferisce un aspetto esteticamente piacevole alle unghie ricostruite, ma svolge anche un ruolo essenziale nel garantire la durata e la resistenza dell'acrilico nel tempo.

Durante la fase di rifinitura, è possibile correggere eventuali imperfezioni nella superficie dell'acrilico, garantendo una consistenza uniforme e una superficie liscia. Questo passaggio è cruciale per garantire che l'unghia ricostruita abbia un aspetto naturale e professionale, senza rigonfiamenti, sbavature o irregolarità che potrebbero compromettere il risultato finale.

Inoltre, la rifinitura consente di modellare e definire la forma dell'unghia in modo preciso, adattandola alle preferenze estetiche del cliente e assicurando una perfetta simmetria e armonia tra le diverse unghie. Questo è particolarmente importante quando si lavora con clienti che richiedono unghie di diverse forme e lunghezze, in quanto consente al professionista di personalizzare il risultato in base alle esigenze specifiche di ciascuno.

Un'altra ragione per cui la rifinitura è così importante è legata alla preparazione della superficie per la fase successiva della lucidatura. Una superficie ben rifinita facilita il processo di lucidatura, consentendo di ottenere risultati più uniformi e brillanti. Inoltre, una corretta rifinitura contribuisce a ridurre al minimo il rischio di danneggiare l'unghia naturale sottostante durante il processo di lucidatura, garantendo la salute e l'integrità dell'unghia nel lungo termine.

In sintesi, la rifinitura rappresenta un passaggio imprescindibile nella ricostruzione delle unghie con acrilico, contribuendo alla qualità estetica, alla durata e alla resistenza dell'applicazione. Un approccio accurato e attento a questo processo garantirà risultati soddisfacenti per il cliente e una maggiore fiducia nel lavoro del professionista.

2. Tecniche di Limatura per una Superficie Uniforme

Nel processo di rifinitura delle unghie ricostruite con acrilico, le tecniche di limatura giocano un ruolo essenziale per ottenere una superficie uniforme e liscia. La corretta limatura non solo contribuisce all'estetica finale dell'applicazione, ma influisce anche sulla durata e sulla resistenza dell'acrilico nel tempo. Esistono diverse tecniche di limatura che possono essere utilizzate per raggiungere risultati ottimali, ciascuna con le proprie caratteristiche e applicazioni specifiche.

Una delle tecniche di limatura più comuni è la limatura a forma di H. Questa tecnica prevede l'uso di una lima a grana media per rimuovere eventuali eccessi di acrilico lungo i bordi dell'unghia, garantendo una forma uniforme e simmetrica. Successivamente, si utilizza una lima a grana più fine per levigare la superficie dell'acrilico, eliminando eventuali asperità e irregolarità. Questo processo permette di ottenere una superficie liscia e levigata, pronta per la fase successiva della lucidatura.

Un'altra tecnica di limatura ampiamente utilizzata è la limatura a forma di C. Questo metodo prevede l'uso di una lima curva per seguire la forma naturale dell'unghia e rimuovere gli eccessi di acrilico lungo il margine libero e laterale dell'unghia. La limatura a forma di C è particolarmente efficace nel modellare la curva C dell'unghia e garantire una transizione fluida tra l'acrilico e l'unghia naturale. Dopo aver eseguito la limatura a forma di C, si procede con una lima a grana fine per levigare la superficie e ottenere una finitura uniforme.

È importante ricordare che la limatura deve essere eseguita con cura e precisione, evitando di limare troppo aggressivamente o irregolarmente, il che potrebbe danneggiare l'unghia naturale sottostante e compromettere il risultato finale. Prima di iniziare la limatura, è consigliabile valutare attentamente la forma e lo spessore dell'acrilico e pianificare il lavoro in base alle esigenze specifiche del cliente.

In conclusione, le tecniche di limatura svolgono un ruolo fondamentale nella rifinitura delle unghie ricostruite con acrilico, contribuendo alla creazione di una superficie uniforme e liscia. Con un'adeguata pratica e attenzione ai dettagli, i professionisti possono ottenere risultati di alta qualità che soddisfano le aspettative dei clienti e riflettono l'eccellenza del loro lavoro.

3. Utilizzo di Buffer e Lime per la Rifinitura delle Unghie

Nel processo di rifinitura delle unghie ricostruite con acrilico, l'utilizzo di buffer e lime riveste un ruolo cruciale per ottenere una superficie levigata e impeccabile. Questi strumenti consentono di perfezionare la forma e la texture dell'acrilico, preparandolo per la fase di lucidatura e garantendo un risultato finale professionale e duraturo.

I buffer sono strumenti essenziali nel kit di un professionista delle unghie, poiché consentono di levigare la superficie dell'acrilico in modo delicato ma efficace. Generalmente realizzati con materiali morbidi come la spugna o il tessuto abrasivo, i buffer vengono utilizzati per eliminare eventuali irregolarità, smussare i bordi e ottenere una finitura uniforme. Durante l'uso del buffer, è importante applicare una leggera pressione e muovere il buffer in modo uniforme su tutta la superficie dell'unghia, evitando movimenti bruschi che potrebbero danneggiare l'acrilico o l'unghia naturale sottostante.

Le lime, invece, sono fondamentali per modellare la forma dell'acrilico e definire i dettagli dell'unghia ricostruita. Disponibili in una varietà di forme e grane, le lime consentono di lavorare con precisione e controllo, adattandosi alle esigenze specifiche di ogni cliente. Le lime a grana più grossa sono ideali per la rimozione di grandi quantità di materiale e la modellatura iniziale dell'acrilico, mentre le lime a grana più fine sono utilizzate per rifinire i dettagli e ottenere una finitura impeccabile. Durante l'utilizzo delle lime, è importante seguire la forma naturale dell'unghia e lavorare con movimenti delicati e controllati per evitare danni o traumi all'unghia.

Un'altra tecnica utile durante la rifinitura è l'uso combinato di buffer e lime. Iniziando con una limatura leggera per modellare la forma desiderata, si può poi passare al buffer per levigare la superficie e ottenere una texture uniforme. Questo approccio permette di lavorare in modo progressivo, assicurando un controllo preciso e risultati ottimali.

In conclusione, l'utilizzo di buffer e lime durante la rifinitura delle unghie ricostruite con acrilico è essenziale per ottenere una finitura professionale e di alta qualità. Con la pratica e l'attenzione ai dettagli, i professionisti possono perfezionare le loro abilità nell'utilizzo di questi strumenti, garantendo risultati soddisfacenti e duraturi per i loro clienti.

4. Passaggi per una Lucidatura Professionale

Per ottenere una lucidatura professionale sulle unghie ricostruite con acrilico, è fondamentale seguire una serie di passaggi precisi e metodici. Una lucidatura impeccabile non solo conferisce alle unghie un aspetto brillante e rifinito, ma contribuisce anche a garantire la durabilità e la resistenza dell'acrilico nel tempo. Di seguito sono descritti i passaggi per eseguire una lucidatura professionale con efficacia e precisione:

1. **Preliminari:** Prima di iniziare la lucidatura, assicurarsi
   che l'acrilico sia completamente asciutto e
   polimerizzato. Controllare che non ci siano sbavature o
   irregolarità sulla superficie dell'unghia, e se necessario,
   effettuare eventuali correzioni con una lima o un buffer.

2. **Scelta dei Dischi Lucidanti:** Selezionare i dischi
   lucidanti più adatti al tipo di lucidatura desiderato e al
   grado di brillantezza desiderato. I dischi lucidanti sono
   disponibili in varie grane e materiali, come cotone, feltro
   o spugna, e ognuno offre un livello diverso di lucidatura
   e finitura.

3. **Applicazione del Lucidante:** Applicare una piccola
   quantità di lucidante sulla superficie dell'unghia
   ricostruita. Utilizzare movimenti circolari e uniformi per
   distribuire il lucidante in modo omogeneo su tutta la
   superficie dell'unghia.

4. **Lucidatura a Passaggi:** Eseguire la lucidatura in
   passaggi progressivi, utilizzando dischi lucidanti con
   grane sempre più fini. Iniziare con un disco lucidante
   più ruvido per rimuovere eventuali imperfezioni e
   opacità, quindi passare a dischi con grane più fine per
   ottenere una finitura sempre più brillante e levigata.

5. **Controllo e Rifinitura:** Durante il processo di
   lucidatura, controllare regolarmente la superficie
   dell'unghia per assicurarsi che la lucidatura sia uniforme
   e priva di graffi o segni. Se necessario, ripetere i
   passaggi precedenti per migliorare la finitura e ottenere
   un risultato ottimale.

6. **Pulizia Finale:** Una volta completata la lucidatura,
   rimuovere eventuali residui di lucidante dalla superficie
   dell'unghia utilizzando un pennello morbido o un panno
   pulito. Assicurarsi che l'unghia sia completamente pulita
   e priva di qualsiasi traccia di lucidante residuo.

Seguendo attentamente questi passaggi, è possibile ottenere una lucidatura professionale e di alta qualità sulle unghie ricostruite con acrilico, garantendo risultati soddisfacenti e duraturi per i clienti.

5. Consigli per Mantenere la Lucentezza a Lungo Termine

Per mantenere la lucentezza a lungo termine sulle unghie ricostruite con acrilico, è essenziale adottare una serie di accorgimenti e pratiche che preservino la bellezza e l'integrità della ricostruzione. Ecco alcuni consigli pratici per garantire una lucentezza duratura e unghie impeccabili nel tempo:

1. **Protezione dalle Sostanze Chimiche:** Evitare il contatto diretto con sostanze chimiche aggressive, come detergenti, solventi o prodotti per la pulizia domestica. Indossare sempre guanti protettivi durante le attività che comportano l'uso di tali sostanze per prevenire danni alla superficie delle unghie.

2. **Idratazione Adeguata:** Mantenere le unghie e la pelle circostante ben idratate applicando regolarmente una crema idratante specifica per le mani e le unghie. L'idratazione costante aiuta a prevenire la secchezza e la fragilità delle unghie, contribuendo a preservarne la lucentezza naturale.

3. **Evitare i Traumi:** Prestare attenzione per evitare traumi o urti alle unghie ricostruite, poiché possono causare scheggiature, crepe o distacchi del prodotto acrilico. Utilizzare utensili appropriati per le attività quotidiane e evitare di utilizzare le unghie come strumenti per aprire oggetti o sollevare superfici.

4. **Manutenzione Regolare:** Programmare regolarmente sessioni di manutenzione presso un professionista qualificato per controllare lo stato delle unghie ricostruite e eseguire eventuali ritocchi o riparazioni necessarie. Una manutenzione periodica contribuisce a mantenere la lucentezza e l'integrità della ricostruzione nel tempo.

5. **Evitare l'Esposizione a Fonti di Calore:** Proteggere le unghie ricostruite dall'esposizione eccessiva a fonti di calore diretto, come asciugacapelli, piastre per capelli o lampade UV per unghie. Il calore eccessivo possono compromettere la stabilità e la durata del prodotto acrilico, causando opacità o danni alla superficie.

6. **Utilizzare Prodotti Specifici:** Optare per prodotti per la cura delle unghie formulati specificamente per l'acrilico, come oli o trattamenti rinforzanti, che aiutano a mantenere la lucentezza e la resistenza del prodotto nel tempo.

Seguendo attentamente questi consigli e pratiche, è possibile garantire una lucentezza a lungo termine sulle unghie ricostruite con acrilico, preservando la bellezza e l'eleganza della manicure professionale.

XVI. Troubleshooting e Soluzione dei Problemi Comuni nella Ricostruzione con Acrilico

1. Perfetta Pianificazione: Evitare le Bolle d'Aria

Quando si tratta di ottenere una ricostruzione unghie impeccabile, la pianificazione è fondamentale per evitare l'insorgere delle temute bolle d'aria.

Questi piccoli nemici possono compromettere la bellezza e la durata del lavoro finito, creando imperfezioni indesiderate e compromettendo l'adesione del materiale.

La chiave per prevenire la formazione di bolle d'aria risiede in una serie di passaggi precisi e una rigorosa attenzione ai dettagli fin dall'inizio della ricostruzione.

Prima di iniziare l'applicazione del prodotto, è essenziale preparare accuratamente l'unghia naturale, rimuovendo ogni residuo di olio o umidità che potrebbe interferire con l'adesione del materiale.

Successivamente, la scelta e l'utilizzo corretto dei prodotti diventano cruciali: dalla selezione del gel, acrilico o acrigel più adatto alle esigenze del cliente, fino alla corretta miscelazione e applicazione del prodotto sulla superficie dell'unghia.

L'importanza di una corretta tecnica di stesura, evitando movimenti bruschi che potrebbero intrappolare aria sotto il materiale, non può essere sottovalutata.

Inoltre, la corretta catalizzazione del prodotto, seguendo scrupolosamente i tempi e le modalità di asciugatura consigliati dal produttore, è fondamentale per garantire una superficie liscia e priva di bolle d'aria.

Infine, l'utilizzo di strumenti appositi come pennelli e spatole di alta qualità può contribuire ulteriormente a ridurre il rischio di formazione di bolle d'aria durante l'applicazione.

In questo capitolo, esploreremo in dettaglio tutte le strategie e le tecniche necessarie per una perfetta pianificazione, offrendo consigli pratici e soluzioni mirate per evitare le bolle d'aria e ottenere risultati impeccabili.

2. Trasparenza Splendente: Risolvere Opacità e Trasparenza Irregolare

La trasparenza uniforme e luminosa è un requisito fondamentale per un lavoro di ricostruzione unghie di qualità. Tuttavia, può capitare che durante il processo di applicazione del gel, acrilico o acrigel si verifichino problemi di opacità o irregolarità nella trasparenza del materiale.

Le cause di queste imperfezioni possono essere molteplici e richiedono un'attenta analisi per individuare la soluzione più adatta. In molti casi, l'opacità può essere causata da una cattiva miscelazione del prodotto o dall'utilizzo di materiali scadenti, mentre la trasparenza irregolare può derivare da errori durante l'applicazione o dalla presenza di impurità nell'unghia naturale.

Per risolvere questi problemi e ottenere una trasparenza splendente, è essenziale seguire una serie di passaggi precisi. Innanzitutto, è importante verificare la qualità dei materiali utilizzati e assicurarsi di utilizzare prodotti di alta qualità e di provenienza affidabile.

Successivamente, è fondamentale prestare particolare attenzione alla corretta miscelazione del gel, acrilico o acrigel, assicurandosi di seguire scrupolosamente le istruzioni del produttore e di evitare la formazione di grumi o bolle d'aria.

Durante l'applicazione del prodotto sull'unghia, è importante lavorare con precisione e delicatezza, distribuendo il materiale in modo uniforme e evitando sovrapposizioni eccessive che potrebbero compromettere la trasparenza.

Inoltre, l'utilizzo di strumenti adeguati, come pennelli di alta qualità e spatole appositamente progettate, può contribuire a garantire una distribuzione uniforme del materiale e a ridurre il rischio di irregolarità nella trasparenza.

Infine, una corretta catalizzazione del prodotto è essenziale per garantire una trasparenza uniforme e duratura. Seguendo attentamente i tempi e le modalità di asciugatura consigliati dal produttore, è possibile ottenere risultati impeccabili e una trasparenza splendente che valorizzi al meglio il lavoro di ricostruzione.

3. Adesione Assicurata: Eliminare Problemi di Adesione

Un aspetto cruciale nella ricostruzione delle unghie con gel, acrilico o acrigel è l'adesione del materiale alla superficie dell'unghia naturale. Un'adesione insufficiente può portare a problemi come il sollevamento del prodotto, la formazione di crepe o addirittura il distacco completo dell'unghia ricostruita.

Per garantire un'adesione sicura e duratura, è importante seguire una serie di procedure e precauzioni durante il processo di applicazione del materiale.

Innanzitutto, è fondamentale preparare accuratamente l'unghia naturale, rimuovendo completamente ogni residuo di olio, cuticole o altre impurità che potrebbero compromettere l'adesione del prodotto. Questo può essere fatto mediante l'utilizzo di solventi specifici per la pulizia dell'unghia e l'applicazione di primer adesivi che favoriscano l'ancoraggio del gel, acrilico o acrigel.

Successivamente, è importante applicare il materiale in modo uniforme e senza lasciare spazi vuoti o bolle d'aria che potrebbero compromettere l'adesione. Utilizzare strumenti adeguati, come pennelli e spatole di alta qualità, può contribuire a garantire una distribuzione uniforme del prodotto e a minimizzare il rischio di problemi di adesione.

Durante il processo di polimerizzazione o asciugatura del materiale, è fondamentale assicurarsi che ogni strato venga catalizzato correttamente e completamente. Questo può richiedere il rispetto di specifici tempi di asciugatura o l'utilizzo di lampade UV o LED per garantire una polimerizzazione ottimale del prodotto.

Infine, è importante educare il cliente sull'importanza della cura
e della manutenzione delle unghie ricostruite, fornendo consigli
su come proteggere e preservare il lavoro fatto in studio. In tal
modo, si può contribuire a garantire una durata prolungata della
ricostruzione e a prevenire problemi di adesione nel lungo
termine.

4. Stabilità Senza Compromessi: Affrontare Distacchi e Sollevamenti

Quando si tratta di fornire un servizio di ricostruzione delle
unghie di alta qualità, la stabilità del prodotto è di fondamentale
importanza. I distacchi e i sollevamenti del materiale possono
non solo compromettere l'estetica del lavoro, ma anche causare
disagio e insoddisfazione al cliente. Ecco alcuni approcci e
strategie per affrontare queste sfide e garantire una stabilità
senza compromessi nella ricostruzione delle unghie.

In primo luogo, è essenziale identificare le cause sottostanti dei
distacchi e dei sollevamenti. Questi possono essere il risultato
di vari fattori, tra cui un'applicazione non uniforme del
materiale, una preparazione inadeguata dell'unghia naturale,
l'utilizzo di prodotti di bassa qualità o un'eccessiva esposizione
all'umidità durante il processo di polimerizzazione. Una volta
identificate le cause specifiche, è possibile adottare misure
correttive mirate per prevenirne la ricomparsa in futuro.

Una delle strategie principali per affrontare i distacchi e i sollevamenti è l'uso di tecniche di preparazione dell'unghia naturale migliorate e l'applicazione di primer adesivi di alta qualità. Questi primer possono aumentare l'adesione del materiale all'unghia naturale, riducendo così il rischio di distacchi. Inoltre, l'utilizzo di prodotti di alta qualità e la conformità ai tempi di asciugatura consigliati possono contribuire a garantire una maggiore durata e stabilità del lavoro.

Nel caso in cui si verifichino distacchi o sollevamenti, è importante intervenire prontamente per correggere la situazione. Questo può implicare la rimozione del materiale danneggiato, la riparazione dell'unghia ricostruita e l'applicazione di nuovi strati di prodotto. È essenziale comunicare apertamente con il cliente e fornire spiegazioni dettagliate sulle cause del problema e sulle soluzioni proposte.

Infine, per prevenire futuri problemi di stabilità, è consigliabile educare il cliente sull'importanza della corretta manutenzione delle unghie ricostruite e fornire consigli su come proteggere il lavoro fatto in studio. Questo può includere l'uso di oli idratanti per cuticole, la protezione delle unghie durante l'esposizione a sostanze chimiche o ambienti aggressivi e la pianificazione di appuntamenti regolari per la manutenzione e la cura delle unghie.

Adottando un approccio proattivo e seguendo le migliori pratiche nella preparazione, applicazione e cura delle unghie ricostruite, è possibile garantire una stabilità senza compromessi e soddisfare appieno le esigenze e le aspettative dei clienti.

5. Resistere alle Crepe: Prevenire Incrinature e Rotture

Quando si tratta di offrire un servizio di ricostruzione unghie di qualità, è essenziale prevenire le crepe, le incrinature e le rotture del materiale. Questi problemi possono compromettere l'aspetto estetico del lavoro e causare disagio al cliente. Ecco alcuni suggerimenti e strategie per resistere alle crepe e mantenere le unghie ricostruite robuste e durevoli nel tempo.

In primo luogo, è fondamentale assicurarsi di utilizzare prodotti di alta qualità e seguire scrupolosamente le istruzioni del produttore durante l'applicazione. Ciò include la corretta miscelazione del gel, acrilico o acrigel, nonché il rispetto dei tempi di polimerizzazione consigliati. Un'applicazione accurata e uniforme del materiale è essenziale per garantire una superficie liscia e resistente alle crepe.

Inoltre, è importante prestare particolare attenzione alla preparazione dell'unghia naturale prima dell'applicazione del materiale ricostruttivo. Questo può includere la rimozione della cuticola in eccesso, la limatura della superficie dell'unghia per migliorare l'adesione e l'applicazione di un primer adesivo di alta qualità. Una buona preparazione dell'unghia naturale può contribuire significativamente a ridurre il rischio di crepe e rotture del materiale.

Durante l'applicazione del gel, acrilico o acrigel, è importante evitare la formazione di bolle d'aria nel materiale. Le bolle d'aria possono indebolire la struttura dell'unghia ricostruita e aumentare il rischio di crepe e rotture. Per prevenire la formazione di bolle d'aria, è consigliabile utilizzare un pennello di alta qualità e applicare il materiale in strati sottili e uniformi, evitando movimenti bruschi o eccessiva pressione.

Inoltre, è importante educare il cliente sull'importanza di
evitare comportamenti che possano compromettere la durata
del lavoro fatto in studio. Questo può includere l'uso di
strumenti o oggetti duri che potrebbero danneggiare le unghie
ricostruite, nonché l'adozione di abitudini di cura delle unghie
adeguate, come l'idratazione regolare e l'utilizzo di oli per
cuticole.

Infine, è consigliabile pianificare appuntamenti regolari per la
manutenzione e la cura delle unghie ricostruite, durante i quali
è possibile controllare lo stato del lavoro e apportare eventuali
correzioni o riparazioni necessarie. Mantenere un'attenzione
costante alla salute e alla bellezza delle unghie dei clienti
contribuirà a garantire risultati duraturi e soddisfacenti nel
tempo.

Seguendo questi consigli e strategie, è possibile prevenire
efficacemente crepe, incrinature e rotture delle unghie
ricostruite, offrendo ai clienti un servizio di alta qualità e
garantendo la loro piena soddisfazione.

6. Curva C Impeccabile: Risolvere Problemi di Formazione

La creazione di una curva C impeccabile è fondamentale per
garantire un aspetto estetico e una struttura stabile delle unghie
ricostruite. Tuttavia, possono verificarsi alcuni problemi
durante la formazione di questa curva, che potrebbero
compromettere il risultato finale. Ecco alcuni suggerimenti e
strategie per risolvere i problemi comuni legati alla formazione
della curva C.

Innanzitutto, è importante valutare attentamente la forma naturale dell'unghia del cliente e determinare il tipo di curva C più adatto al suo stile e alle sue preferenze. Un errore comune è quello di adottare una curva C troppo accentuata o troppo piatta, che potrebbe non essere in armonia con la forma dell'unghia naturale. Assicurarsi di comunicare chiaramente con il cliente e comprendere le sue aspettative può aiutare a evitare problemi di formazione della curva C.

Durante l'applicazione del materiale ricostruttivo, è essenziale prestare particolare attenzione alla curvatura della punta dell'unghia e alla distribuzione uniforme del gel, acrilico o acrigel lungo l'intera superficie. L'utilizzo di un pennello di alta qualità e una tecnica di applicazione precisa possono contribuire a ottenere una curva C uniforme e ben definita.

Se si verificano problemi durante la formazione della curva C, è importante intervenire tempestivamente per correggere la situazione. Ciò potrebbe includere la rimozione parziale del materiale applicato e la riapplicazione utilizzando una tecnica più accurata. In alcuni casi, potrebbe essere necessario utilizzare strumenti specifici, come pinze o spatole, per modellare la curva C in modo più preciso e professionale.

Inoltre, è importante educare il cliente sull'importanza di mantenere la curva C durante la fase di crescita delle unghie. Ciò potrebbe richiedere l'applicazione regolare di prodotti per la cura delle unghie, nonché l'adozione di abitudini di vita e di cura adeguate che favoriscano la salute e la resistenza delle unghie ricostruite.

Infine, è consigliabile pianificare appuntamenti regolari per la manutenzione e la cura delle unghie ricostruite, durante i quali è possibile monitorare lo stato della curva C e apportare eventuali correzioni o aggiustamenti necessari. Mantenere un'attenzione costante alla forma e alla struttura delle unghie dei clienti contribuirà a garantire risultati estetici e duraturi nel tempo.

Seguendo questi suggerimenti e strategie, è possibile risolvere efficacemente i problemi legati alla formazione della curva C e offrire ai clienti un servizio di ricostruzione unghie professionale e di alta qualità.

7. Eleganza Francese: Perfezionare la Tecnica

Perfezionare la tecnica dell'eleganza francese richiede un'attenzione particolare ai dettagli e una padronanza delle tecniche di applicazione del gel, dell'acrilico o dell'acrigel. La french manicure è un classico intramontabile che richiede una mano ferma e una precisione chirurgica per ottenere risultati impeccabili. Ecco alcuni consigli pratici per perfezionare questa tecnica e creare un look elegante e sofisticato.

Innanzitutto, è fondamentale scegliere con cura i materiali giusti, inclusi gel, acrilici o acrigel di alta qualità, oltre a pennelli e accessori appositamente progettati per la french manicure. Utilizzare prodotti di buona qualità garantirà una migliore aderenza, durata e aspetto finale delle unghie ricostruite.

Durante l'applicazione del colore bianco per la punta delle unghie, è importante mantenere una linea netta e uniforme. Utilizzare un pennello sottile e preciso per disegnare la linea della french manicure con movimenti fluidi e controllati. Inoltre, assicurarsi di applicare uno strato sottile e uniforme di colore bianco per evitare grumi o striature indesiderate.

Per ottenere una curva C perfetta sulla punta delle unghie, è utile utilizzare una tecnica di "sorridi" delicata ma decisa. Questo metodo prevede di applicare il gel, l'acrilico o l'acrigel sulla parte libera dell'unghia con movimenti leggeri e precisi, seguendo la forma naturale della punta dell'unghia. È importante lavorare con pazienza e precisione per ottenere una curva C uniforme e ben definita.

Durante la fase di catalizzazione o asciugatura del colore bianco per la french manicure, assicurarsi di utilizzare il tempo di polimerizzazione consigliato per garantire una perfetta aderenza e durata del colore. Prestare attenzione ai tempi di polimerizzazione è essenziale per evitare sbavature o imperfezioni durante il processo di indurimento del gel, dell'acrilico o dell'acrigel.

Infine, è consigliabile esercitarsi regolarmente e sperimentare con diverse tecniche e stili di french manicure per affinare le proprie abilità e trovare il metodo che funziona meglio per te. Pratica costante e determinazione sono chiave per raggiungere la perfezione nella tecnica della french manicure e offrire ai tuoi clienti risultati straordinari e duraturi.

Seguendo questi consigli e mettendo in pratica le tecniche descritte, sarai in grado di perfezionare la tua tecnica di eleganza francese e offrire ai tuoi clienti un servizio di alta qualità e dall'aspetto professionale.

8. Velocità e Precisione: Ottimizzare l'Asciugatura

Per ottenere risultati ottimali nella ricostruzione delle unghie con gel, acrilico o acrigel, è essenziale ottimizzare il processo di asciugatura. La combinazione di velocità ed precisione è fondamentale per garantire un lavoro efficiente e di alta qualità che soddisfi le esigenze dei clienti più esigenti.

Innanzitutto, è importante utilizzare prodotti di alta qualità progettati per garantire un'asciugatura rapida e uniforme. Scegliere gel, acrilici o acrigel con formule avanzate e tempi di polimerizzazione ottimizzati consentirà di ridurre i tempi di asciugatura complessivi e di migliorare la produttività durante la sessione di lavoro.

Un'altra strategia per ottimizzare l'asciugatura è prestare attenzione alla quantità di prodotto utilizzato su ciascuna unghia. Applicare strati sottili e uniformi di gel, acrilico o acrigel garantirà una catalizzazione più rapida e una maggiore resistenza alle sbavature o alle imperfezioni durante il processo di indurimento.

Durante l'asciugatura, è utile utilizzare una lampada UV o LED di alta qualità con una potenza e una lunghezza d'onda ottimali per garantire una catalizzazione uniforme e completa dei materiali. Prestare attenzione a seguire le istruzioni del produttore e a utilizzare il tempo di polimerizzazione consigliato per ottenere i migliori risultati.

Inoltre, è possibile ottimizzare il processo di asciugatura utilizzando tecniche avanzate come il flash curing, che prevede brevi periodi di esposizione alla luce UV o LED per indurire parzialmente il materiale e accelerare il tempo complessivo di asciugatura. Questa tecnica può essere particolarmente utile durante la ricostruzione di unghie più spesse o complesse.

Infine, è importante esercitarsi regolarmente e acquisire familiarità con le caratteristiche specifiche dei diversi prodotti e delle diverse tecniche di asciugatura. Con la pratica costante e l'esperienza, sarà possibile sviluppare una sensibilità intuitiva per determinare il momento ottimale per passare alla fase successiva del processo di ricostruzione delle unghie.

Utilizzando questi suggerimenti e metodi, potrai ottimizzare l'asciugatura durante la ricostruzione delle unghie con gel, acrilico o acrigel, garantendo risultati di alta qualità e soddisfacendo le aspettative dei tuoi clienti.

9. Sensibilità Sicura: Gestire Reazioni Allergiche

Quando si lavora con gel, acrilico o acrigel per la ricostruzione delle unghie, è fondamentale essere consapevoli dei potenziali rischi di reazioni allergiche da parte dei clienti. Anche se questi materiali sono generalmente sicuri per l'uso, alcune persone possono sviluppare sensibilità o allergie a determinati componenti. Pertanto, è essenziale adottare misure preventive per gestire le reazioni allergiche e garantire un ambiente di lavoro sicuro per tutti.

Innanzitutto, è importante condurre un'attenta valutazione delle allergie con ogni cliente prima di iniziare il trattamento. Chiedere al cliente se ha avuto esperienze di reazioni allergiche ai prodotti per unghie in passato e se ha sensibilità note a particolari ingredienti. Inoltre, è consigliabile eseguire un test cutaneo preliminare su una piccola area della pelle per verificare eventuali reazioni avverse prima di procedere con la ricostruzione delle unghie.

Durante il trattamento, è fondamentale utilizzare prodotti di alta qualità e privi di sostanze chimiche nocive che possono aumentare il rischio di reazioni allergiche. Scegliere fornitori affidabili e certificati che offrano prodotti formulati con ingredienti sicuri e testati dermatologicamente per ridurre al minimo il rischio di sensibilizzazione cutanea.

Inoltre, è importante prestare attenzione ai segni e ai sintomi di reazioni allergiche durante e dopo il trattamento. Questi possono includere prurito, arrossamento, gonfiore o bruciore intorno alle unghie trattate. In caso di qualsiasi segno di reazione allergica, interrompere immediatamente il trattamento e consultare un medico per ulteriori valutazioni e raccomandazioni.

Per ridurre ulteriormente il rischio di reazioni allergiche, è consigliabile adottare pratiche di igiene rigorose durante il trattamento. Mantenere puliti e disinfettati tutti gli strumenti e gli utensili utilizzati, nonché seguire le linee guida per l'igiene personale, come lavarsi accuratamente le mani e indossare guanti monouso quando appropriato.

Infine, è importante educare i clienti sulle potenziali reazioni allergiche e sui passaggi da seguire in caso di sintomi sospetti. Fornire loro informazioni dettagliate sui prodotti utilizzati e sui possibili effetti collaterali, nonché consigli su come monitorare e gestire eventuali reazioni allergiche a casa.

Con una pianificazione attenta, l'uso di prodotti di alta qualità e una comunicazione aperta con i clienti, è possibile gestire in modo efficace le reazioni allergiche durante la ricostruzione delle unghie con gel, acrilico o acrigel, garantendo un'esperienza sicura e soddisfacente per tutti.

10. Pulizia e Perfezione: Eliminare Residui e Impurità

Una delle fasi cruciali nella ricostruzione delle unghie con gel, acrilico o acrigel è la pulizia e la perfezione della superficie dell'unghia. Anche il più piccolo residuo di impurità o polvere può compromettere la durata e l'estetica del lavoro finito, pertanto è essenziale dedicare particolare attenzione a questa fase del processo.

Per iniziare, assicurati di rimuovere qualsiasi residuo di vecchio smalto o nail art dalla superficie dell'unghia utilizzando un solvente delicato e non aggressivo. Utilizza un batuffolo di cotone imbevuto di solvente per sciogliere completamente il vecchio smalto e rimuoverlo delicatamente senza danneggiare la superficie dell'unghia naturale.

Successivamente, procedi con la pulizia e la disinfezione delle unghie utilizzando un detergente antibatterico e un disinfettante specifico per le unghie. Assicurati di pulire accuratamente sia la superficie dell'unghia che i contorni circostanti per rimuovere eventuali batteri, oli o impurità residue che potrebbero compromettere l'adesione dei materiali di ricostruzione.

Una volta che le unghie sono completamente pulite e disinfettate, è importante preparare la superficie per l'applicazione del gel, dell'acrilico o dell'acrigel. Utilizza una lima a grana fine per levigare leggermente la superficie dell'unghia naturale e creare una base uniforme e liscia su cui lavorare. Assicurati di evitare di limare troppo aggressivamente per non danneggiare o indebolire l'unghia naturale.

Dopo la limatura, è fondamentale rimuovere accuratamente ogni residuo di polvere o limatura utilizzando un pennello morbido o un aspiratore per unghie. Pulisci attentamente intorno alle cuticole e sotto il bordo libero dell'unghia per assicurarti di eliminare completamente qualsiasi traccia di impurità.

Infine, ispeziona attentamente ogni unghia per individuare eventuali imperfezioni o aree che richiedono ulteriore attenzione. Correggi qualsiasi irregolarità utilizzando una lima a grana fine o una fresa e assicurati che la superficie dell'unghia sia liscia e uniforme in vista dell'applicazione del gel, dell'acrilico o dell'acrigel.

Seguendo questi passaggi e prestando attenzione ai dettagli durante la pulizia e la perfezione delle unghie, potrai garantire un risultato finale impeccabile e duraturo per i tuoi clienti.

XVII. Ricostruzione delle Unghie con Acrigel: Concetti Fondamentali

1. Selezione e Preparazione dei Materiali

La corretta selezione e preparazione dei materiali è fondamentale per ottenere risultati ottimali nella ricostruzione delle unghie con acrigel. Prima di iniziare il processo, è essenziale assicurarsi di avere a disposizione tutti gli strumenti e i prodotti necessari. Innanzitutto, è importante disporre di un kit completo di acrigel, che includa gel monofase o trifase, monomero, pennelli di diverse dimensioni, tip o forme per l'estensione, lime e buffer di varie grane, primer e base coat.

La qualità dei materiali è un altro aspetto cruciale da considerare. Scegliere prodotti di alta qualità garantirà una migliore adesione, durata e resistenza delle unghie ricostruite. È consigliabile optare per marchi rinomati nel settore della ricostruzione delle unghie, che offrano prodotti testati e approvati da professionisti del settore.

Prima di utilizzare i materiali, è importante prepararli adeguatamente. Verificare che tutti i flaconi siano chiusi ermeticamente per evitare che i prodotti si asciughino prematuramente. Inoltre, è consigliabile agitare leggermente i flaconi di gel monofase o trifase e monomero prima dell'uso per garantire una consistenza omogenea.

Prima di procedere con l'applicazione dell'acrigel sulle unghie, è fondamentale preparare correttamente le unghie naturali. Questo include la rimozione di eventuali residui di smalto e l'accurata pulizia e disinfezione delle unghie. Assicurarsi inoltre di spingere accuratamente le cuticole e limare leggermente la superficie delle unghie per favorire l'adesione del prodotto.

Una volta completata la preparazione delle unghie naturali e dei materiali, si è pronti per iniziare il processo di ricostruzione con acrigel. Seguire attentamente le istruzioni del produttore per garantire risultati ottimali e duraturi.

La selezione e la preparazione accurata dei materiali sono fondamentali per il successo della ricostruzione delle unghie con acrigel. Investire tempo e attenzione in questa fase iniziale garantirà un lavoro professionale e soddisfacente.

2. Applicazione del Primer e Base Coat

L'applicazione del primer e del base coat è un passaggio critico nella ricostruzione delle unghie con acrigel, in quanto prepara la superficie dell'unghia naturale per garantire un'adesione ottimale del materiale ricostruttivo e assicura una maggiore durata del lavoro finito. Prima di applicare qualsiasi tipo di gel, è fondamentale seguire una procedura accurata per garantire risultati professionali e duraturi.

Il primer è il primo passo nella preparazione dell'unghia naturale. Si tratta di un prodotto chimico che serve a disidratare e preparare la superficie dell'unghia per favorire l'adesione del gel. Per applicare il primer correttamente, è consigliabile utilizzare un pennello sottile e preciso per evitare sprechi eccessivi di prodotto. Applicare una quantità molto piccola di primer sulla superficie dell'unghia naturale, evitando il contatto con la pelle circostante e le cuticole. Lasciare asciugare il primer completamente prima di procedere con l'applicazione del base coat.

Il base coat, o strato base, è il secondo passaggio cruciale nella preparazione dell'unghia per la ricostruzione con acrigel. Questo strato funge da base adesiva per il gel ricostruttivo, assicurando una maggiore aderenza e durata del lavoro finale. Per applicare il base coat, è consigliabile utilizzare un pennello piatto e morbido che consenta una distribuzione uniforme del prodotto su tutta la superficie dell'unghia. Applicare il base coat in uno strato sottile e uniforme, evitando che il gel entri in contatto con la pelle circostante e le cuticole.

È importante prestare particolare attenzione durante l'applicazione del primer e del base coat per evitare bolle d'aria, incrinature o distacchi prematuri del gel. Assicurarsi di seguire attentamente le istruzioni del produttore e di lavorare in un ambiente ben ventilato per garantire una corretta applicazione e asciugatura dei prodotti.

Un'adeguata applicazione del primer e del base coat è fondamentale per garantire una buona adesione e durata della ricostruzione con acrigel. Investire tempo e attenzione in questa fase iniziale contribuirà a ottenere risultati professionali e soddisfacenti.

3. Tecniche di Costruzione con Acrigel

Le tecniche di costruzione con acrigel rappresentano
un'importante fase nella ricostruzione delle unghie, poiché
consentono di modellare e creare la struttura desiderata con
precisione e resistenza. L'acrigel è un materiale ibrido che
combina le proprietà del gel e dell'acrilico, offrendo una
maggiore flessibilità e durata rispetto ai singoli sistemi.
Esistono diverse tecniche e approcci per lavorare con l'acrigel,
ognuno con vantaggi e applicazioni specifiche.

Una delle tecniche più comuni è la cosiddetta "boule method",
che prevede l'utilizzo di piccole sfere di acrigel per costruire la
struttura dell'unghia. Questa tecnica consente una maggiore
precisione nel controllo del prodotto e nella sua distribuzione
sull'unghia, consentendo di creare forme e lunghezze
personalizzate in base alle esigenze del cliente. Per utilizzare
questa tecnica, è importante manipolare il prodotto con
attenzione e lavorare con movimenti delicati per evitare bolle
d'aria e irregolarità nella superficie.

Un'altra tecnica diffusa è quella dell'"overlay", che consiste
nell'applicare uno strato sottile di acrigel sull'unghia naturale
per rinforzarla e proteggerla. Questa tecnica è particolarmente
utile per rinforzare unghie fragili o danneggiate e per
prolungare la durata della ricostruzione. Durante l'applicazione
dell'overlay, è importante distribuire il prodotto in modo
uniforme sull'intera superficie dell'unghia, evitando eccessi che
potrebbero compromettere l'aspetto finale.

Indipendentemente dalla tecnica utilizzata, è fondamentale praticare e perfezionare le proprie abilità per ottenere risultati professionali e duraturi. L'acrigel offre una vasta gamma di possibilità creative, consentendo di realizzare decorazioni, sfumature e design unici che soddisfano le esigenze e i gusti dei clienti più esigenti. Con pazienza, pratica e dedizione, è possibile padroneggiare le tecniche di costruzione con acrigel e offrire servizi di alta qualità nel campo della ricostruzione unghie.

4. Consolidamento della Struttura e Livellamento

Il consolidamento della struttura e il livellamento rappresentano due fasi cruciali nella ricostruzione delle unghie con acrigel, poiché garantiscono una base solida e uniforme su cui lavorare per ottenere un risultato finale impeccabile. Queste operazioni consentono di correggere eventuali imperfezioni e irregolarità, garantendo un aspetto naturale e professionale alle unghie ricostruite.

Durante il consolidamento della struttura, è importante assicurarsi che lo strato di acrigel sia uniformemente distribuito sull'unghia e adeguatamente aderente alla superficie. Questo processo prevede l'utilizzo di strumenti specifici, come pennelli e spatole, per modellare e plasmare il prodotto secondo la forma desiderata. È fondamentale lavorare con precisione e attenzione per evitare accumuli eccessivi di materiale, che potrebbero compromettere la resistenza e l'estetica della ricostruzione.

Una volta completato il consolidamento della struttura, si passa
al livellamento della superficie per garantire una finitura liscia
e uniforme. Questa fase prevede l'utilizzo di lime e buffer per
levigare eventuali asperità e perfezionare la forma dell'unghia
ricostruita. È importante lavorare con movimenti delicati e
controllati per evitare di danneggiare il prodotto e creare
un'aspetto naturale e armonioso.

Durante entrambe le fasi, è fondamentale prestare attenzione ai
dettagli e lavorare con pazienza e precisione per ottenere
risultati ottimali. Ogni passaggio richiede pratica e dedizione
per essere padroneggiato, ma con l'esperienza è possibile
raggiungere livelli di perfezione sempre più elevati.

5. Rifinitura e Lucidatura delle Unghie Ricostruite

La rifinitura e la lucidatura delle unghie ricostruite
rappresentano le fasi finali della procedura di ricostruzione, ma
sono altrettanto cruciali per ottenere un risultato finale
impeccabile e duraturo. Questi passaggi permettono di
perfezionare la superficie delle unghie, eliminando eventuali
imperfezioni e donando loro un aspetto lucido e levigato.

Per iniziare la rifinitura, è importante utilizzare lime e buffer di
alta qualità per modellare e sagomare l'unghia in base alle
preferenze del cliente. È fondamentale lavorare con precisione
e attenzione per garantire una forma uniforme e armoniosa,
evitando di rimuovere troppo materiale e compromettere la
struttura dell'unghia ricostruita.

Una volta completata la rifinitura, si passa alla lucidatura per conferire alle unghie un aspetto brillante e luminoso. Questo processo può essere eseguito utilizzando lucidatrici e buffer appositamente progettati per l'acrilico e l'acrigel. È importante lavorare con movimenti delicati e continui per ottenere una superficie uniformemente lucida, evitando di danneggiare il lavoro precedentemente svolto.

Durante entrambe le fasi, è fondamentale prestare attenzione ai dettagli e lavorare con pazienza e precisione per ottenere risultati ottimali. Ogni passaggio contribuisce a garantire un aspetto naturale e professionale alle unghie ricostruite, fornendo al cliente una sensazione di sicurezza e soddisfazione.

XVIII. Preparazione dell'Unghia Naturale per la Ricostruzione con Acrigel

1. Pulizia e disinfezione dell'unghia naturale

La pulizia e la disinfezione dell'unghia naturale costituiscono un passaggio fondamentale nella preparazione per la ricostruzione con acrigel. Prima di iniziare qualsiasi procedura, è essenziale assicurarsi che l'unghia sia completamente priva di residui di smalto, olio, e altre impurità che potrebbero compromettere l'adesione del materiale da ricostruzione.

Per garantire una pulizia completa, è consigliabile utilizzare un detergente specifico per unghie oppure una soluzione detergente delicata, senza contenere acetone, in quanto potrebbe seccare e indebolire l'unghia naturale. Successivamente, si procede con l'asciugatura accurata utilizzando un panno o un batuffolo di cotone sterile.

Una volta pulita, l'unghia va disinfettata per eliminare eventuali batteri o microrganismi che potrebbero causare infezioni. Si può utilizzare un disinfettante specifico per unghie, preferibilmente a base di alcool isopropilico al 70%, che assicura una disinfezione efficace senza compromettere la qualità del materiale da ricostruzione.

È importante prestare particolare attenzione alle aree intorno alle cuticole e sotto l'estremità libera dell'unghia, dove i batteri possono accumularsi più facilmente. Inoltre, è consigliabile eseguire una corretta igiene delle mani prima di procedere, indossando guanti monouso se necessario, per evitare contaminazioni durante il processo.

Solo dopo aver completato accuratamente la pulizia e la disinfezione dell'unghia naturale, si è pronti per proseguire con la fase successiva della ricostruzione con acrigel. Ricordate sempre che una corretta igiene è fondamentale per garantire risultati ottimali e prevenire eventuali complicazioni.

2. Rimozione delle cuticole e preparazione della superficie

La rimozione delle cuticole e la preparazione della superficie dell'unghia sono passaggi cruciali per garantire una ricostruzione efficace e duratura con acrigel. Le cuticole, se presenti in eccesso, possono compromettere l'adesione del materiale da ricostruzione e creare spazi dove batteri e funghi possono proliferare, causando infezioni e danni all'unghia naturale.

Prima di procedere con la rimozione delle cuticole, è importante ammorbidirle adeguatamente per renderle più facili da eliminare. Ciò può essere fatto immergendo le mani in una soluzione ammorbidente per cuticole o applicando un gel o una crema specifica per qualche minuto.

Una volta ammorbidite, le cuticole in eccesso possono essere spinte delicatamente all'indietro utilizzando uno spingicuticole in metallo o in legno. È fondamentale esercitare una pressione leggera e controllata per evitare di danneggiare l'unghia naturale o di causare sanguinamento.

Successivamente, con l'aiuto di un tronchesino o di un cutter
per cuticole, le cuticole in eccesso possono essere
delicatamente tagliate e rimossi. È importante fare attenzione a
non tagliare troppo profondamente per evitare lesioni e
sanguinamenti.

Una volta completata la rimozione delle cuticole, è essenziale
preparare la superficie dell'unghia per favorire l'adesione
ottimale del materiale da ricostruzione. Questo può essere fatto
limando leggermente la superficie dell'unghia naturale con una
lima morbida per rimuovere lo strato superficiale opaco e
garantire una maggiore aderenza del prodotto.

Prima di procedere con la ricostruzione, assicurarsi che la
superficie dell'unghia sia completamente pulita e priva di
residui di cuticole e impurità. Una buona preparazione della
superficie contribuirà a garantire risultati duraturi e una
ricostruzione senza problemi.

3. Valutazione e correzione della forma dell'unghia naturale

La valutazione e correzione della forma dell'unghia naturale è
un passaggio fondamentale nella preparazione per la
ricostruzione con acrigel. Prima di applicare qualsiasi tipo di
materiale da ricostruzione, è essenziale valutare attentamente la
forma e la struttura dell'unghia naturale per garantire un
risultato finale esteticamente gradevole e duraturo.

Per valutare la forma dell'unghia naturale, è importante
considerare diversi fattori, tra cui la lunghezza, la larghezza, la
curvatura e l'aspetto generale dell'unghia. Una forma naturale
equilibrata e armoniosa è fondamentale per garantire una
ricostruzione stabile e resistente nel tempo.

Nel valutare la forma dell'unghia, è possibile riscontrare diverse irregolarità o problemi, come unghie troppo corte, troppo lunghe, troppo strette o troppo larghe. È importante essere in grado di riconoscere queste imperfezioni e correggerle adeguatamente per ottenere una base ottimale per la ricostruzione.

Per correggere la forma dell'unghia naturale, possono essere utilizzati diversi strumenti e tecniche, tra cui limatura, taglio e modellatura. La limatura è uno dei metodi più comuni ed efficaci per correggere la forma dell'unghia, consentendo di regolare la lunghezza, la larghezza e la curvatura in modo preciso e controllato.

Durante la limatura, è importante lavorare con attenzione e gradualità per evitare di danneggiare l'unghia naturale o di creare irregolarità. È consigliabile utilizzare una lima di buona qualità e seguire una tecnica appropriata per ottenere risultati uniformi e professionali.

Oltre alla limatura, possono essere utilizzati anche altri strumenti, come tronchesini o forbici per unghie, per correggere eventuali irregolarità o eccessi di lunghezza. È importante lavorare con precisione e cautela per evitare di danneggiare l'unghia o causare disagio al cliente.

Una volta completata la valutazione e correzione della forma dell'unghia naturale, è possibile procedere con sicurezza alla fase successiva della ricostruzione con acrigel, sapendo di avere una base solida e ben preparata per ottenere risultati ottimali.

4. Taglio e limatura dell'unghia naturale

Il taglio e la limatura dell'unghia naturale sono due passaggi cruciali nella preparazione per la ricostruzione con acrigel. Queste fasi sono fondamentali per garantire una base solida e ben preparata, che favorisca l'adesione ottimale del materiale da ricostruzione e assicuri un risultato finale esteticamente gradevole e duraturo.

Prima di procedere con il taglio e la limatura, è importante assicurarsi di avere gli strumenti giusti a disposizione, come forbici o tronchesini per unghie e limette di varie granulometrie. Utilizzare strumenti di alta qualità è essenziale per ottenere risultati precisi e uniformi e per evitare danni all'unghia naturale.

Il primo passo è il taglio dell'unghia naturale alla lunghezza desiderata. È importante tagliare l'unghia in modo uniforme e seguendo la forma naturale dell'apice dell'unghia. È consigliabile utilizzare forbici o tronchesini appositamente progettati per unghie, evitando di tagliare troppo vicino alla piega cutanea per prevenire lesioni o disagio al cliente.

Dopo il taglio, si passa alla limatura dell'unghia naturale per regolare la lunghezza, la larghezza e la forma dell'unghia in modo preciso e controllato. La limatura consente di uniformare la superficie dell'unghia e di eliminare eventuali irregolarità o asperità che potrebbero compromettere l'adesione del materiale da ricostruzione.

Durante la limatura, è importante lavorare con delicatezza e attenzione per evitare di danneggiare l'unghia naturale o di creare irregolarità. Si consiglia di utilizzare una lima di buona qualità e di seguire una tecnica appropriata, lavorando in modo regolare e uniforme su tutta la superficie dell'unghia.

Una volta completato il taglio e la limatura, è possibile
procedere con sicurezza alla fase successiva della preparazione
dell'unghia naturale per la ricostruzione con acrigel, sapendo di
avere una base ben preparata e pronta per garantire risultati
ottimali.

5. Tecniche di limatura per preparare l'unghia naturale

Le tecniche di limatura dell'unghia naturale sono fondamentali
per garantire una superficie uniforme e ben preparata prima
della ricostruzione con acrigel. Una corretta limatura non solo
contribuisce a migliorare l'aspetto estetico dell'unghia, ma
favorisce anche l'adesione ottimale del materiale da
ricostruzione e riduce il rischio di distacchi prematuri.

Prima di iniziare la limatura, è importante valutare attentamente
la forma e la lunghezza dell'unghia naturale, nonché le esigenze
e le preferenze del cliente. È consigliabile utilizzare una lima di
buona qualità con un'adeguata granulometria per evitare danni
all'unghia e ottenere risultati precisi e uniformi.

Una tecnica comune di limatura è quella di utilizzare una lima a
forma di ferro di cavallo, che consente di modellare e definire
facilmente la forma dell'apice dell'unghia. Si inizia limando i
lati dell'unghia con movimenti delicati e controllati,
mantenendo una forma arrotondata o quadrata a seconda delle
preferenze del cliente.

Successivamente, si passa a limare il bordo libero dell'unghia
per regolarne la lunghezza e ottenere una forma uniforme e
simmetrica. È importante lavorare con attenzione e precisione
per evitare di danneggiare l'unghia o creare irregolarità.

Durante la limatura, è consigliabile mantenere la lima in movimento continuo e evitare di applicare troppa pressione sull'unghia per ridurre il rischio di danneggiare lo strato superficiale dell'unghia naturale. Si consiglia inoltre di limare sempre nella stessa direzione, preferibilmente dall'esterno verso l'interno, per evitare danni eccessivi all'unghia.

Una volta completata la limatura, è importante controllare attentamente la superficie dell'unghia per assicurarsi che sia uniforme e priva di irregolarità. Eventuali asperità o imperfezioni possono essere corrette con leggere limature aggiuntive fino a ottenere il risultato desiderato.

XIX. Applicazione dell'Acrigel: Passaggi Fondamentali

1. Preparazione dell'Unghia Naturale

La preparazione dell'unghia naturale è un passaggio fondamentale nella ricostruzione delle unghie con acrigel.

Prima di iniziare qualsiasi procedura, è essenziale assicurarsi che l'unghia naturale sia adeguatamente pulita e preparata per massimizzare l'adesione e garantire un risultato duraturo.

Innanzitutto, assicurati di rimuovere ogni residuo di smalto precedentemente applicato utilizzando un solvente delicato.

Successivamente, esamina attentamente l'unghia per individuare eventuali segni di danni, come screpolature o distacchi, che potrebbero compromettere il risultato finale.

Nel caso di unghie danneggiate, è consigliabile consultare un professionista per valutare la situazione e stabilire il trattamento più adeguato.

Una volta che l'unghia è stata ispezionata e pulita, è il momento di procedere con la rimozione delle cuticole e la modellatura della superficie.

Questo passaggio è cruciale per garantire una base uniforme e liscia su cui applicare l'acrigel in modo uniforme e senza problemi.

Utilizzando uno spingipelle e un cutter di cuticole, delicatamente spingi indietro le cuticole e rimuovi le eventuali pellicine in eccesso per esporre la lunula e la parte distale dell'unghia.

2. Applicazione del Primer e Base Coat

L'applicazione del primer e del base coat è un passaggio critico nella procedura di ricostruzione delle unghie con acrigel.

Prima di iniziare l'applicazione di qualsiasi prodotto, è fondamentale preparare correttamente l'unghia naturale per massimizzare l'adesione e garantire una tenuta ottimale del materiale.

Il primer viene utilizzato per preparare l'unghia e creare una superficie adatta all'adesione del gel acrilico. Si tratta di un liquido trasparente applicato con un pennello sottile sulla superficie dell'unghia naturale. Il primer funge da agente adesivo, aiutando il gel acrilico a aderire saldamente all'unghia. È importante applicare il primer con attenzione e con movimenti precisi per garantire una distribuzione uniforme e una copertura completa dell'unghia.

Dopo aver applicato il primer, si passa alla stesura del base coat. Il base coat è un gel sottile e trasparente che viene applicato sull'unghia per creare un'adesione ottimale e una superficie liscia su cui lavorare. Questo strato di base aiuta anche a proteggere l'unghia naturale e a prevenire la formazione di macchie o sbavature durante l'applicazione del gel acrilico.

Per applicare il base coat, utilizza un pennello per gel acrilico e stendi uno strato sottile e uniforme su tutta la superficie dell'unghia, assicurandoti di coprire completamente l'unghia senza creare grumi o bolle d'aria. Una volta applicato, il base coat deve essere polimerizzato sotto una lampada UV o LED per il tempo necessario indicato dal produttore.

Assicurati di prestare particolare attenzione a questo passaggio, poiché una corretta preparazione dell'unghia con primer e base coat è essenziale per garantire una ricostruzione duratura e di alta qualità.

3. Tecniche di Costruzione con Acrigel

Le tecniche di costruzione con acrigel rappresentano un aspetto cruciale della ricostruzione delle unghie, poiché determinano la forma, la struttura e la durata del lavoro finale.

Per iniziare, assicurati di avere a portata di mano tutti i materiali necessari, tra cui il gel acrilico e il gel UV o LED, il primer, il base coat e gli strumenti di lavoro come pennelli e spatole. La preparazione dell'area di lavoro è fondamentale per garantire una ricostruzione precisa e professionale.

Prima di applicare l'acrigel, prepara l'unghia naturale seguendo i passaggi descritti nei paragrafi precedenti. Assicurati che l'unghia sia pulita, disinfettata e completamente asciutta prima di procedere con l'applicazione del gel.

Per costruire l'unghia con acrigel, utilizza una tecnica di stratificazione, che prevede l'applicazione di strati sottili di gel per creare una struttura solida e resistente. Inizia con uno strato sottile di gel di costruzione, che fungerà da base per la ricostruzione dell'unghia. Utilizza un pennello per gel acrilico per distribuire uniformemente il gel sulla superficie dell'unghia, assicurandoti di coprire completamente l'intera area.

Una volta applicato il primo strato di gel, polimerizzalo sotto una lampada UV o LED per il tempo necessario indicato dal produttore. Questo passaggio è essenziale per indurire il gel e garantire una presa stabile sull'unghia.

Successivamente, procedi con l'applicazione di ulteriori strati di gel acrigel, costruendo gradualmente la forma e lo spessore desiderati. Utilizza una tecnica di stratificazione per modellare l'unghia e creare una superficie liscia e uniforme.

Durante il processo di costruzione, presta particolare attenzione alla forma e alla lunghezza dell'unghia, assicurandoti di correggere eventuali irregolarità o imperfezioni mentre procedi.

Continua a lavorare con pazienza e precisione, aggiungendo strati di gel acrigel e modellando l'unghia fino a raggiungere il risultato desiderato. Una volta completata la costruzione, lima e rifinisci l'unghia per ottenere una superficie liscia e uniforme, pronta per la decorazione finale.

Mentre impari e affini le tecniche di costruzione con acrigel, ricorda di esercitare con costanza e di essere paziente con te stesso. Con il tempo e la pratica, sarai in grado di creare ricostruzioni unghie di alta qualità e soddisfare le esigenze dei tuoi clienti in modo professionale e competente.

4. Consolidamento della Struttura e Livellamento

Dopo aver completato la costruzione dell'unghia con acrigel, è essenziale consolidare la struttura e livellare la superficie per garantire una finitura uniforme e duratura.

Per consolidare la struttura dell'unghia, utilizza una lima a grana media per levigare delicatamente la superficie e rimuovere eventuali irregolarità o sporgenze. Questo passaggio è fondamentale per stabilizzare la ricostruzione e garantire una base solida per il successivo processo di levigatura e rifinitura.

Una volta consolidata la struttura, passa alla fase di livellamento della superficie. Utilizza una lima a grana fine o extra fine per eliminare eventuali rigonfiamenti o imperfezioni sulla superficie dell'unghia. Lavora con movimenti delicati e controllati, facendo attenzione a non rimuovere troppo materiale e compromettere la forma dell'unghia.

Durante il processo di livellamento, presta particolare attenzione alle zone intorno alla cuticola e alle zone laterali dell'unghia, dove possono formarsi accumuli di gel. Utilizza una lima angolata o un buffer per accedere a queste aree difficili e assicurarti che la superficie dell'unghia sia uniforme in ogni punto.

Continua a controllare la superficie dell'unghia mentre lavori, utilizzando la luce naturale o una lampada a LED per individuare eventuali imperfezioni o aree irregolari. Lavora con cura e precisione, rimuovendo gradualmente il gel in eccesso e levigando la superficie fino a ottenere una finitura liscia e uniforme.

Una volta completato il processo di livellamento, passa alla fase di rifinitura utilizzando un buffer o una lima lucidante per ottenere una superficie levigata e brillante. Assicurati di lavorare con movimenti delicati e uniformi per evitare danni all'unghia e ottenere una finitura impeccabile.

Infine, pulisci accuratamente l'unghia con un batuffolo di cotone imbevuto di cleanser per rimuovere eventuali residui di gel e preparare la superficie per la decorazione finale. Con pazienza e attenzione ai dettagli, sarai in grado di ottenere risultati professionali e soddisfare le aspettative dei tuoi clienti con una ricostruzione unghie impeccabile.

5. Rifinitura e Lucidatura dell'Acrigel

Dopo aver completato la costruzione e il consolidamento dell'unghia con acrigel, è essenziale dedicare la giusta attenzione alla rifinitura e lucidatura per ottenere un risultato impeccabile e duraturo.

La rifinitura dell'acrigel è un passaggio cruciale che contribuisce a definire la forma e l'aspetto finale dell'unghia ricostruita. Utilizza una lima a grana fine o extra fine per levigare delicatamente i contorni dell'unghia, eliminando eventuali irregolarità e rendendo la superficie liscia e uniforme. Presta particolare attenzione alle zone intorno alla cuticola e alle zone laterali dell'unghia, dove possono formarsi accumuli di gel durante la costruzione.

Una volta completata la fase di rifinitura, passa alla lucidatura dell'acrigel per conferire brillantezza e lucentezza alla superficie dell'unghia. Utilizza un buffer o una lima lucidante per lavorare la superficie con movimenti delicati e uniformi, rimuovendo eventuali segni di limatura e ottenendo una finitura levigata e brillante. Assicurati di lavorare con cura e precisione, evitando di esercitare troppa pressione sulla superficie dell'unghia per non danneggiarla.

Durante il processo di lucidatura, controlla regolarmente la superficie dell'unghia per individuare eventuali imperfezioni o aree opache che necessitano di ulteriore lavoro. Utilizza una luce naturale o una lampada a LED per evidenziare qualsiasi difetto e assicurarti di ottenere una finitura uniforme e impeccabile.

Una volta completata la lucidatura, pulisci accuratamente l'unghia con un batuffolo di cotone imbevuto di cleanser per rimuovere eventuali residui di gel e preparare la superficie per la decorazione finale. Con pazienza e attenzione ai dettagli, sarai in grado di ottenere risultati professionali e soddisfare le aspettative dei tuoi clienti con una ricostruzione unghie perfettamente rifinita e lucidata.

XX. Tecniche Avanzate per la Ricostruzione con Acrigel

1. Miglioramenti della Resistenza Strutturale

Per ottenere una resistenza strutturale ottimale nelle ricostruzioni con acrigel, è fondamentale comprendere e applicare correttamente una serie di tecniche avanzate. La resistenza strutturale delle unghie ricostruite dipende da vari fattori, tra cui la corretta preparazione dell'unghia naturale, l'applicazione precisa dei materiali e la cura nella costruzione delle strutture.

Prima di iniziare la ricostruzione, assicurarsi sempre di eseguire una valutazione accurata dell'unghia naturale per identificare eventuali problemi strutturali o debolezze. La preparazione dell'unghia naturale deve essere eseguita con cura, rimuovendo le cuticole, livellando la superficie e tagliando l'unghia secondo la forma desiderata.

Durante l'applicazione dell'acrigel, è importante utilizzare la giusta quantità di prodotto e distribuirlo uniformemente sull'unghia naturale. Prestare particolare attenzione alle aree di maggiore stress, come il bordo libero e le zone laterali, assicurandosi che il materiale sia distribuito in modo uniforme per garantire una resistenza strutturale uniforme su tutta la superficie dell'unghia ricostruita.

Inoltre, l'indurimento corretto dell'acrigel è essenziale per garantire una buona aderenza e una resistenza ottimale. Seguire attentamente le istruzioni del produttore per i tempi di catalizzazione e l'utilizzo della lampada UV o LED per garantire una polimerizzazione completa del materiale.

Infine, una volta completata la ricostruzione, è consigliabile applicare uno strato protettivo di finitura per migliorare ulteriormente la resistenza e prolungare la durata della ricostruzione. Utilizzare un top coat di alta qualità e sigillare bene i bordi per evitare scheggiature e scollature premature.

Migliorare la resistenza strutturale delle unghie ricostruite con acrigel richiede pratica, esperienza e attenzione ai dettagli. Con una preparazione accurata e l'applicazione corretta delle tecniche avanzate, è possibile ottenere risultati robusti e duraturi.

2. Creazione di Forme e Design Complessi

La creazione di forme e design complessi rappresenta un'abilità avanzata nella ricostruzione delle unghie con acrigel. Questa tecnica consente ai professionisti di esprimere la propria creatività e offrire ai clienti risultati personalizzati e unici. Per ottenere forme e design complessi, è fondamentale padroneggiare l'uso degli strumenti e comprendere i principi di base della progettazione delle unghie.

Innanzitutto, è importante avere una solida comprensione delle forme di base delle unghie e dei loro rapporti proporzionali. Questo permette di creare una base solida su cui costruire forme più elaborate. Ad esempio, le forme più comuni includono squadrata, ovale, a mandorla, squadrata con angoli arrotondati, stiletto e coffin. Ognuna di queste forme ha caratteristiche specifiche e richiede una tecnica di costruzione diversa.

Una volta comprese le forme di base, è possibile iniziare a sperimentare con design più complessi. Questi possono includere forme geometriche, come triangoli, quadrati e cerchi, oppure forme organiche ispirate alla natura, come fiori, foglie e animali. Per creare queste forme, è necessario utilizzare strumenti di modellazione specifici, come pennelli a punta sottile, spatole per la scultura e punte per la precisione.

Durante la creazione di forme e design complessi, è importante mantenere un equilibrio tra creatività e praticità. Le forme troppo elaborate potrebbero essere difficili da mantenere per i clienti nella vita quotidiana, quindi è essenziale trovare un compromesso tra estetica e funzionalità. Inoltre, è importante considerare la compatibilità dei design con lo stile e la personalità del cliente.

Per ottenere risultati ottimali, è consigliabile esercitarsi costantemente e sperimentare con diverse tecniche e materiali. Osservare tutorial online, partecipare a workshop e collaborare con altri professionisti del settore può essere utile per ampliare le proprie competenze e scoprire nuove idee. Con la pratica e la perseveranza, è possibile padroneggiare la creazione di forme e design complessi e offrire ai clienti un servizio di alta qualità e personalizzato.

3. Utilizzo di Inclusioni Decorative e Elementi Tridimensionali

L'utilizzo di inclusioni decorative e elementi tridimensionali rappresenta un modo eccitante per arricchire il design delle unghie con acrigel, consentendo ai professionisti di creare opere d'arte personalizzate e sorprendenti. Le inclusioni decorative possono includere una vasta gamma di materiali, come strass, glitter, perline, fiori secchi, foglie d'oro e molto altro ancora. Questi materiali aggiungono profondità, texture e brillantezza al design complessivo delle unghie, permettendo di realizzare creazioni davvero uniche e sorprendenti.

Prima di applicare le inclusioni decorative, è fondamentale preparare correttamente l'unghia e applicare un adeguato strato di base. Questo garantirà che le inclusioni si adattino in modo sicuro e durevole sull'unghia, evitando il distacco prematuro. Inoltre, è importante scegliere inclusioni di alta qualità e adatte alla ricostruzione delle unghie, in modo da garantire un aspetto impeccabile e una lunga durata.

Una volta che la base è pronta, è possibile iniziare a posizionare le inclusioni decorative sull'unghia utilizzando pinzette o strumenti di precisione. È importante disporre le inclusioni in modo strategico per creare un design equilibrato e armonioso. Questo può richiedere pratica e pazienza, ma il risultato finale varrà sicuramente lo sforzo.

Oltre alle inclusioni decorative, è possibile aggiungere elementi tridimensionali alle unghie per aggiungere interesse visivo e dimensione. Questi elementi possono includere charms, perle, strass incastonati, pendenti e molto altro ancora. L'aggiunta di elementi tridimensionali richiede una certa abilità e attenzione ai dettagli, ma può portare a risultati straordinari e unici.

Durante l'applicazione delle inclusioni decorative e degli elementi tridimensionali, è importante assicurarsi che siano ben sigillati con uno strato protettivo di gel o acrigel trasparente. Questo aiuterà a proteggere le inclusioni dall'usura e a mantenerle in posizione per un periodo più lungo.

In conclusione, l'utilizzo di inclusioni decorative e elementi tridimensionali offre infinite possibilità creative nella ricostruzione delle unghie con acrigel. Con la pratica e la sperimentazione, è possibile creare design mozzafiato che impressioneranno i clienti e dimostreranno la propria abilità artistica.

4. Tecniche Avanzate di Finitura e Lucidatura

Le tecniche avanzate di finitura e lucidatura sono fondamentali per ottenere un aspetto professionale e impeccabile nelle ricostruzioni delle unghie con acrigel. Queste tecniche vanno oltre la semplice applicazione di gel o acrigel e richiedono una certa competenza e attenzione ai dettagli per garantire risultati ottimali.

Prima di iniziare la fase di finitura e lucidatura, è essenziale assicurarsi che la superficie dell'unghia sia stata preparata correttamente e che ogni strato di gel o acrigel sia stato applicato uniformemente e senza imperfezioni. Qualsiasi irregolarità sulla superficie dell'unghia potrebbe compromettere il risultato finale, quindi è importante prendersi il tempo necessario per preparare accuratamente l'unghia.

Una volta che la ricostruzione dell'unghia è stata completata, è possibile iniziare la fase di finitura. Questo può includere l'uso di buffer e lime per levigare eventuali asperità o sporgenze e per ottenere una superficie liscia e uniforme. È importante lavorare con delicatezza e precisione durante questa fase per evitare di danneggiare l'unghia naturale sottostante.

Dopo aver levigato la superficie dell'unghia, si passa alla fase di lucidatura. Questo può essere fatto utilizzando una serie di passaggi con buffer e lucidatrici per ottenere un finish brillante e lucente. Durante la lucidatura, è importante lavorare con movimenti leggeri e circolari per evitare di surriscaldare l'unghia e compromettere la ricostruzione.

Oltre alle tecniche manuali di finitura e lucidatura, esistono anche strumenti e dispositivi elettrici che possono essere utilizzati per accelerare il processo e ottenere risultati ancora più professionali. Tuttavia, è importante essere addestrati nell'uso di tali strumenti per evitare danni all'unghia o alla cute circostante.

Infine, una volta completata la finitura e la lucidatura, è fondamentale applicare un top coat trasparente per proteggere la ricostruzione e prolungare la durata del risultato. Questo strato finale aiuta anche a mantenere la lucentezza e la brillantezza delle unghie per un periodo più lungo.

In sintesi, le tecniche avanzate di finitura e lucidatura sono cruciali per ottenere risultati professionali e duraturi nella ricostruzione delle unghie con acrigel. Con la pratica e l'attenzione ai dettagli, è possibile creare unghie impeccabili e sorprendenti che soddisfano le esigenze e le aspettative dei clienti più esigenti.

5. Approfondimenti sulla Correzione di Errori e Problemi Comuni

Gli errori e i problemi comuni durante la ricostruzione delle unghie con acrigel possono verificarsi anche ai professionisti più esperti, ma è importante saperli riconoscere e correggere prontamente per garantire risultati ottimali. In questo paragrafo, esploreremo alcuni degli errori più comuni e forniremo approfondimenti su come affrontarli efficacemente.

Uno degli errori più comuni è la formazione di bolle d'aria nell'acrigel durante l'applicazione. Questo può essere causato da una varietà di fattori, come una miscelazione inadeguata dell'acrigel o un'applicazione troppo rapida. Per correggere questo problema, è importante assicurarsi di miscelare l'acrigel correttamente e di applicarlo con movimenti lenti e uniformi per evitare l'ingresso di aria. Inoltre, è possibile utilizzare una spazzola per eliminare delicatamente eventuali bolle d'aria presenti sulla superficie dell'unghia prima della polimerizzazione.

Un altro problema comune è la formazione di grinze o increspature nell'acrigel durante l'applicazione. Questo può accadere se l'acrigel viene applicato troppo spesso o se la luce UV o LED non polimerizza correttamente il materiale. Per prevenire questo problema, è importante applicare uno strato sottile e uniforme di acrigel e assicurarsi di indurirlo completamente con la luce UV o LED. Inoltre, è possibile utilizzare una spatola o un pennello per livellare delicatamente l'acrigel prima della polimerizzazione per ridurre al minimo la formazione di grinze.

Altri problemi comuni includono la formazione di distacchi o sollevamenti dell'acrigel dalle unghie naturali e la comparsa di crepe o rotture sulla superficie dell'acrigel. Questi problemi possono essere causati da una preparazione insufficiente dell'unghia naturale, da una mancata adesione dell'acrigel o da una cura inadeguata. Per affrontare questi problemi, è importante eseguire una preparazione accurata dell'unghia naturale, assicurarsi di applicare correttamente il primer e il base coat per migliorare l'adesione e seguire attentamente le istruzioni del produttore per la cura e la polimerizzazione dell'acrigel.

In sintesi, la correzione di errori e problemi comuni durante la ricostruzione delle unghie con acrigel richiede pazienza, attenzione ai dettagli e familiarità con le tecniche corrette. Con la pratica e l'esperienza, è possibile affrontare con successo questi problemi e ottenere risultati sorprendenti e duraturi.

XXI. Rifinitura e Lucidatura delle Unghie Ricostruite con Acrigel

1. Preparazione dell'unghia naturale

La preparazione dell'unghia naturale è un passaggio fondamentale per garantire una ricostruzione efficace e duratura. Prima di iniziare qualsiasi procedura di applicazione dell'acrigel, è essenziale dedicare tempo e attenzione a preparare adeguatamente la superficie dell'unghia naturale.

Per cominciare, assicurarsi che le unghie siano completamente pulite e prive di residui di smalto o olio. Utilizzare un solvente delicato per rimuovere qualsiasi residuo di smalto presente sulla superficie dell'unghia. Successivamente, procedere con la rimozione delle cuticole utilizzando un solvente specifico o un agente ammorbidente per cuticole, seguito da un leggero spingimento delle cuticole con uno spingipelle.

Una volta completata la rimozione delle cuticole, è importante limare delicatamente la superficie dell'unghia naturale per eliminare eventuali imperfezioni e creare una base uniforme. Utilizzare una lima a grana fine per modellare delicatamente l'unghia, evitando movimenti bruschi che potrebbero danneggiare il letto ungueale.

Infine, è fondamentale disinfettare accuratamente l'unghia naturale e la zona circostante per ridurre al minimo il rischio di infezioni. Utilizzare un disinfettante specifico per unghie o alcool isopropilico per pulire accuratamente la superficie dell'unghia e assicurarsi che sia completamente asciutta prima di procedere con l'applicazione dell'acrigel.

Seguire attentamente questi passaggi di preparazione garantirà una base solida e pulita per una ricostruzione unghie efficace e duratura con l'acrigel. Prestare sempre attenzione ai dettagli e dedicare il tempo necessario alla preparazione dell'unghia naturale è essenziale per ottenere risultati professionali e soddisfacenti.

2. Applicazione del Primer e Base Coat

L'applicazione del primer e del base coat costituisce un passaggio cruciale nella procedura di ricostruzione unghie con acrigel. Questi prodotti svolgono un ruolo fondamentale nel garantire l'adesione ottimale tra l'unghia naturale e il materiale ricostruttore, nonché nella protezione dell'unghia e nella promozione della durata del risultato finale.

Prima di applicare qualsiasi tipo di primer, è essenziale preparare accuratamente l'unghia naturale come descritto nel precedente paragrafo. Una volta completata la preparazione, si procede con l'applicazione del primer, un prodotto adesivo che favorisce l'adesione del materiale ricostruttore all'unghia. Il primer viene applicato con un pennello sottile e preciso, facendo attenzione a distribuirlo uniformemente su tutta la superficie dell'unghia naturale. Si consiglia di lasciare asciugare il primer per alcuni secondi prima di procedere con l'applicazione del base coat.

Il base coat, o strato di base, è il primo strato di materiale ricostruttore che viene applicato sull'unghia naturale. Questo strato ha il compito di creare una base solida e uniforme su cui verranno successivamente applicati gli strati successivi di acrigel. L'applicazione del base coat richiede precisione e attenzione ai dettagli, in modo da garantire una superficie liscia e uniforme senza bolle d'aria o irregolarità.

Prima di procedere con l'applicazione del base coat, è consigliabile agitare bene il prodotto per assicurarsi che sia omogeneo e senza grumi. Utilizzare un pennello appositamente progettato per l'applicazione del base coat e distribuire il prodotto in strati sottili e uniformi su tutta la superficie dell'unghia naturale, evitando di sovraccaricare il pennello per prevenire l'accumulo eccessivo di prodotto.

Una volta completata l'applicazione del primer e del base coat, è importante asciugare accuratamente l'unghia utilizzando una lampada UV o LED, seguendo le istruzioni specifiche del produttore per il tempo di asciugatura consigliato. Prestare particolare attenzione a garantire una polimerizzazione completa del materiale, in modo da ottenere una base solida e resistente per la successiva applicazione dell'acrigel.

Seguire attentamente questi passaggi durante l'applicazione del primer e del base coat garantirà una base stabile e durevole per la ricostruzione unghie con acrigel, riducendo al minimo il rischio di sollevamenti o distacchi prematuri. Prestare attenzione ai dettagli e praticare regolarmente queste tecniche contribuirà a migliorare la precisione e la qualità complessiva del lavoro svolto.

3. Tecniche di Costruzione con Acrigel

Le tecniche di costruzione con acrigel rappresentano un'arte delicata e sofisticata che richiede una combinazione di abilità manuali, conoscenza dei materiali e creatività. Questo processo si articola in diversi passaggi fondamentali, ognuno dei quali contribuisce alla creazione di un'unghia ricostruita resistente, flessibile e dall'aspetto naturale.

Il primo passo nella costruzione con acrigel è la preparazione dell'acrigel stesso. Questo materiale ibrido, composto da polvere acrilica e gel, richiede una corretta miscelazione per garantire una consistenza uniforme e una polimerizzazione efficace. È importante seguire attentamente le istruzioni del produttore per la miscelazione dell'acrigel, regolando accuratamente le proporzioni di polvere e gel per ottenere la viscosità desiderata.

Una volta preparato l'acrigel, si passa alla sua applicazione sull'unghia naturale. Questo processo richiede destrezza e precisione, poiché è necessario distribuire uniformemente il materiale sull'intera superficie dell'unghia, evitando bolle d'aria o irregolarità. Utilizzando un pennello per acrigel, il tecnico stende lo strato di materiale dalla cuticola verso la punta dell'unghia, lavorando con movimenti fluidi e delicati per garantire una copertura uniforme e un'applicazione precisa.

Una volta applicato l'acrigel, si procede con la modellazione e la scultura dell'unghia ricostruita. Questo processo consente di definire la forma e la lunghezza desiderate dell'unghia, lavorando il materiale con appositi strumenti come spatole e lime per ottenere risultati accurati e personalizzati in base alle preferenze del cliente.

Durante la modellazione dell'acrigel, è importante prestare particolare attenzione alla curvatura naturale dell'unghia e alla sua anatomia, garantendo una forma armoniosa e confortevole per il cliente. Questo processo richiede pratica e padronanza delle tecniche di scultura, così da poter creare un risultato finale esteticamente gradevole e funzionale.

Infine, una volta completata la modellazione dell'acrigel, si procede con l'asciugatura e la polimerizzazione del materiale utilizzando una lampada UV o LED. Questo passaggio è fondamentale per garantire una presa ottimale del materiale e una durata prolungata della ricostruzione unghie. Prestare attenzione al tempo di asciugatura consigliato dal produttore e assicurarsi che l'acrigel sia completamente polimerizzato prima di proseguire con la fase di rifinitura e decorazione.

Mentre si impara e si perfeziona l'arte della costruzione con acrigel, è importante dedicare tempo alla pratica e all'esplorazione delle diverse tecniche e stili. Con pazienza e determinazione, è possibile acquisire le competenze necessarie per realizzare unghie ricostruite di alta qualità e soddisfare le esigenze dei clienti più esigenti.

4. Consolidamento della Struttura e Livellamento

Il consolidamento della struttura e il livellamento rappresentano due fasi cruciali nella costruzione di unghie ricostruite con acrigel. Questi processi sono finalizzati a garantire una base solida e uniforme per la decorazione e la finitura finale dell'unghia, contribuendo alla durata e alla resistenza della ricostruzione nel tempo.

Il consolidamento della struttura inizia dopo l'applicazione dell'acrigel sull'unghia naturale e la modellazione della forma desiderata. Questo passaggio coinvolge l'utilizzo di strumenti specifici, come spatole e pennelli, per distribuire il materiale in modo uniforme su tutta la superficie dell'unghia e lungo il letto ungueale. È importante lavorare con precisione e attenzione per eliminare eventuali irregolarità o sporgenze e garantire una superficie liscia e uniforme.

Durante il consolidamento della struttura, il tecnico può anche concentrarsi sulla costruzione di zone di rinforzo o di rialzo, specialmente nelle aree più soggette a sollecitazioni o rotture. Questo può essere particolarmente utile per clienti con unghie deboli o fragili, fornendo un supporto aggiuntivo e aumentando la resistenza complessiva della ricostruzione.

Una volta completato il consolidamento della struttura, si passa al livellamento dell'acrigel per ottenere una superficie uniforme e liscia. Questo processo prevede l'utilizzo di lime e buffer per rimuovere eventuali imperfezioni, livellare la superficie dell'unghia e prepararla per la fase successiva di rifinitura e decorazione. È importante lavorare con delicatezza e precisione per evitare di danneggiare la struttura sottostante e mantenere l'integrità dell'unghia ricostruita.

Durante il livellamento, il tecnico può anche correggere eventuali disallineamenti o discrepanze nella forma dell'unghia, assicurandosi che sia armoniosa e ben proporzionata. Questo può richiedere un occhio esperto e una mano ferma, ma con la pratica e l'esperienza, è possibile ottenere risultati impeccabili e soddisfare le aspettative dei clienti più esigenti.

In sintesi, il consolidamento della struttura e il livellamento rappresentano due passaggi essenziali nella costruzione di unghie ricostruite con acrigel. Questi processi contribuiscono a garantire una base solida e uniforme per la decorazione e la finitura finale, assicurando un risultato finale esteticamente gradevole e durevole nel tempo.

5. Rifinitura e Lucidatura dell'Acrigel

La rifinitura e la lucidatura dell'acrigel sono fasi finali essenziali nella creazione di unghie ricostruite di alta qualità, che conferiscono loro un aspetto professionale e impeccabile. Questi processi non solo migliorano l'estetica generale dell'unghia, ma contribuiscono anche a garantire la durata e la resistenza della ricostruzione nel tempo.

La rifinitura inizia con l'utilizzo di lime e buffer per eliminare eventuali asperità o irregolarità sulla superficie dell'acrigel. È importante lavorare con precisione e attenzione per ottenere una superficie liscia e uniforme, eliminando qualsiasi residuo di materiale in eccesso e creando una base perfetta per la fase successiva della lucidatura.

Dopo aver rifinito la superficie dell'acrigel, si passa alla lucidatura per conferire un aspetto brillante e lucente all'unghia ricostruita. Questo può essere fatto utilizzando buffer lucidanti o polimeri lucidanti, che vengono applicati e massaggiati sulla superficie dell'acrigel fino a ottenere un risultato brillante e privo di imperfezioni. È importante lavorare con delicatezza e costanza per ottenere una lucidatura uniforme su tutta la superficie dell'unghia, evitando graffi o danni accidentali.

Durante la lucidatura, il tecnico può anche concentrarsi su aree specifiche dell'unghia, come il bordo libero e la zona cuticolare, per garantire un risultato finale uniforme e coerente. Questo può richiedere un occhio esperto e una mano ferma, ma con la pratica e l'esperienza, è possibile ottenere risultati impeccabili e soddisfare le aspettative dei clienti più esigenti.

Infine, una volta completata la lucidatura, è possibile applicare oli o trattamenti idratanti per nutrire e proteggere l'unghia ricostruita, conferendole un aspetto sano e luminoso. Questo passaggio finale contribuisce a mantenere la bellezza e la durata della ricostruzione nel tempo, garantendo una clientela soddisfatta e fidelizzata.

In conclusione, la rifinitura e la lucidatura dell'acrigel sono fasi finali cruciali nella creazione di unghie ricostruite di alta qualità, che conferiscono loro un aspetto professionale e impeccabile. Con la giusta tecnica e gli strumenti appropriati, è possibile ottenere risultati brillanti e duraturi che soddisfano le esigenze dei clienti più esigenti.

XXII. Troubleshooting e Soluzione dei Problemi Comuni nella Ricostruzione con Acrigel

1. Problemi di adesione dell'acrigel

Quando ci si imbatte in problemi di adesione dell'acrigel durante il processo di ricostruzione delle unghie, è essenziale comprendere le cause sottostanti e le strategie per risolverle in modo efficace.

Le problematiche legate all'adesione possono derivare da diversi fattori, tra cui la preparazione inadeguata dell'unghia naturale, residui di oli o grassi sulla superficie dell'unghia, o un'applicazione impropria del prodotto.

Per garantire una corretta adesione dell'acrigel, è fondamentale seguire una procedura di preparazione accurata, che includa la pulizia e la sgrassatura dell'unghia, nonché l'applicazione adeguata del primer per favorire l'aderenza del materiale.

Inoltre, è importante assicurarsi che lo strato di acrigel venga applicato uniformemente e senza bolle d'aria, utilizzando tecniche di stesura adeguate.

Nel caso in cui si verifichino problemi di adesione, è possibile correggere la situazione mediante l'applicazione di strati aggiuntivi di primer o mediante la rimozione e la rifinitura dell'area interessata.

Adottando una metodologia attenta e seguendo le procedure consigliate, è possibile affrontare con successo i problemi di adesione dell'acrigel, garantendo risultati di alta qualità e duraturi.

2. Opacità e trasparenza irregolare dell'acrigel

Quando ci si trova di fronte a problemi di opacità o trasparenza irregolare dell'acrigel durante il processo di ricostruzione delle unghie, è importante identificare le possibili cause e applicare le correzioni necessarie per ottenere risultati ottimali.

La presenza di opacità o trasparenza irregolare può essere causata da diversi fattori, tra cui la qualità dei materiali utilizzati, l'applicazione impropria del prodotto o la mancanza di preparazione adeguata dell'unghia naturale.

Per garantire una corretta opacità e trasparenza dell'acrigel, è essenziale utilizzare prodotti di alta qualità e seguirne attentamente le istruzioni per l'applicazione. Inoltre, è importante assicurarsi che l'unghia naturale sia stata preparata correttamente, eliminando qualsiasi residuo di oli o prodotti precedentemente applicati.

Durante l'applicazione dell'acrigel, è fondamentale lavorare in strati sottili e uniformi, evitando l'accumulo eccessivo di prodotto che potrebbe compromettere la trasparenza del risultato finale.

Nel caso in cui si verifichino problemi di opacità o trasparenza irregolare, è possibile correggere la situazione mediante l'applicazione di ulteriori strati sottili di acrigel o mediante la rimozione e la rifinitura dell'area interessata.

Adottando una metodologia precisa e utilizzando prodotti di qualità, è possibile ottenere un'applicazione uniforme e una finitura trasparente e brillante dell'acrigel, garantendo risultati soddisfacenti e duraturi.

3. Rottura e sollevamento dell'acrigel

La rottura e il sollevamento dell'acrigel possono rappresentare una sfida comune durante il processo di ricostruzione delle unghie, ma con le giuste tecniche e precauzioni, è possibile prevenirli e gestirli efficacemente.

La rottura dell'acrigel può verificarsi a causa di diversi fattori, tra cui un'applicazione errata del prodotto, un'esposizione eccessiva all'umidità durante l'asciugatura o una preparazione inadeguata dell'unghia naturale. È importante assicurarsi che l'acrigel venga applicato in strati uniformi e adeguatamente induriti per garantire la sua resistenza e durata. Inoltre, è essenziale preparare accuratamente l'unghia naturale, rimuovendo qualsiasi residuo oleoso e utilizzando prodotti adatti per migliorare l'adesione.

Il sollevamento dell'acrigel può verificarsi quando il prodotto si separa dall'unghia naturale a causa di un'adesione insufficiente o della presenza di aria intrappolata sotto il gel. Per prevenire il sollevamento, è importante applicare il gel in modo uniforme, evitando bolle d'aria e garantendo una corretta adesione alla superficie dell'unghia. Inoltre, è consigliabile sigillare accuratamente i bordi del gel per prevenire infiltrazioni d'acqua eccessive che potrebbero causare sollevamenti nel tempo.

Nel caso in cui si verifichi una rottura o un sollevamento dell'acrigel, è importante intervenire prontamente per riparare l'unghia e prevenire danni ulteriori. Ciò può essere fatto rimuovendo delicatamente il gel danneggiato, riparando eventuali imperfezioni nell'unghia naturale e riapplicando il gel in modo corretto.

In sintesi, prevenire e gestire la rottura e il sollevamento dell'acrigel richiede una combinazione di preparazione accurata, applicazione adeguata e intervento tempestivo. Con la pratica e la padronanza delle tecniche appropriate, è possibile garantire un'applicazione stabile e duratura dell'acrigel, ottenendo risultati professionali e soddisfacenti.

4. Crepe e fratture dell'acrigel

Le crepe e le fratture dell'acrigel possono essere problematiche comuni durante la ricostruzione delle unghie e richiedono un'attenzione particolare per garantire risultati ottimali e duraturi.

Le crepe possono verificarsi a causa di diversi fattori, tra cui un'applicazione eccessivamente spessa o un'eccessiva flessione dell'unghia. È importante applicare l'acrigel in strati sottili e uniformi per evitare tensioni eccessive sulla superficie dell'unghia. Inoltre, è essenziale assicurarsi che ogni strato venga correttamente indurito con la lampada UV o LED per garantire una presa solida e resistente.

Le fratture possono verificarsi quando l'acrigel subisce un trauma o una pressione esterna, causando la rottura del materiale. Per prevenire le fratture, è consigliabile evitare attività che possano esporre le unghie a stress eccessivi, come l'utilizzo di unghie come strumenti o il contatto prolungato con sostanze chimiche aggressive.

Nel caso in cui si verifichino crepe o fratture, è importante intervenire prontamente per prevenire danni ulteriori e ripristinare l'integrità dell'unghia. Ciò può essere fatto rimuovendo delicatamente il gel danneggiato, riempendo eventuali lacune con nuovo materiale acrigel e sigillando accuratamente la superficie per evitare infiltrazioni d'acqua e ulteriori danni.

È importante anche educare il cliente sull'importanza di una corretta manutenzione delle unghie ricostruite e fornire consigli su come evitare situazioni che potrebbero causare crepe o fratture.

In conclusione, prevenire e gestire le crepe e le fratture dell'acrigel richiede una combinazione di applicazione corretta, manutenzione adeguata e intervento tempestivo in caso di danni. Con la pratica e l'esperienza, è possibile ottenere risultati professionali e duraturi che soddisfano le esigenze dei clienti.

5. Formazione di bolle d'aria nell'acrigel

La formazione di bolle d'aria nell'acrigel è un problema comune che può compromettere l'aspetto e la durabilità delle unghie ricostruite. Queste bolle possono apparire come piccole imperfezioni superficiali o come deformazioni più evidenti all'interno del materiale acrigel, creando un effetto poco estetico e compromettendo la resistenza strutturale dell'unghia.

Le bolle d'aria possono essere il risultato di diverse cause, tra cui una cattiva preparazione dell'unghia naturale, un'applicazione troppo rapida del prodotto o l'uso di strumenti non appropriati durante il processo di ricostruzione. È fondamentale quindi dedicare tempo alla preparazione dell'unghia naturale, rimuovendo completamente ogni residuo di oli e residui con una limatura delicata e una pulizia accurata.

Durante l'applicazione dell'acrigel, è importante lavorare con precisione e pazienza, evitando movimenti bruschi che potrebbero intrappolare aria all'interno del gel. Utilizzare strati sottili e uniformi di acrigel e assicurarsi di stendere il prodotto in modo uniforme su tutta la superficie dell'unghia per evitare accumuli e creare una base solida.

Inoltre, è consigliabile utilizzare un pennello di alta qualità e lavorare con movimenti delicati e controllati per distribuire uniformemente il gel sull'unghia. Evitare di agitare o mescolare troppo il prodotto durante l'applicazione, in quanto ciò potrebbe introdurre aria nel gel e favorire la formazione di bolle.

Nel caso in cui si verifichino bolle d'aria durante l'applicazione, è possibile correggerle con un pennello appositamente progettato per spingere l'aria verso l'esterno del gel prima che indurisca completamente. Successivamente, è possibile livellare la superficie con una limatura delicata per ottenere un risultato uniforme e senza difetti.

In conclusione, prevenire la formazione di bolle d'aria richiede attenzione ai dettagli e una tecnica accurata durante l'applicazione dell'acrigel. Con la pratica e la corretta conoscenza delle tecniche, è possibile ottenere un risultato professionale e senza difetti che soddisfi le esigenze dei clienti più esigenti.

XXIII. Consigli per la Manutenzione delle Unghie Ricostruite

1. Igiene e pulizia quotidiana

La corretta igiene e pulizia quotidiana delle unghie ricostruite è fondamentale per mantenere la loro salute e bellezza a lungo termine.

Prima di iniziare qualsiasi procedura di pulizia, assicurarsi di avere a disposizione tutti gli strumenti necessari, come spazzolini da unghie, detergenti delicati, e eventualmente soluzioni disinfettanti.

Per iniziare, rimuovere accuratamente eventuali residui di smalto o sporco utilizzando un solvente delicato, evitando di graffiare o danneggiare la superficie dell'unghia.

Successivamente, immergere le mani in acqua tiepida con sapone o detergente delicato per qualche minuto per ammorbidire la pelle e le cuticole. Usare quindi uno spazzolino da unghie per pulire delicatamente intorno alle unghie, rimuovendo eventuali residui di sporco o di prodotto accumulati.

Dopo aver asciugato accuratamente le mani, applicare una crema idratante specifica per cuticole e unghie per mantenere la pelle morbida e idratata.

È importante eseguire questa routine di pulizia e igiene regolarmente, preferibilmente almeno una volta al giorno, per evitare accumuli di sporco e batteri che potrebbero compromettere la salute delle unghie.

2. Protezione dalle aggressioni esterne

La protezione dalle aggressioni esterne è essenziale per mantenere le unghie ricostruite in condizioni ottimali e prevenire danni indesiderati.

Per proteggere le unghie dalle aggressioni esterne, è consigliabile utilizzare guanti quando si affrontano compiti domestici o lavori manuali che potrebbero esporre le unghie a sostanze chimiche o a impatti fisici. I guanti dovrebbero essere realizzati in materiali resistenti e impermeabili per garantire una protezione efficace.

Inoltre, evitare di utilizzare le unghie ricostruite come strumenti per aprire o graffiare superfici dure, come scatole o confezioni, in quanto ciò potrebbe causare danni alla superficie dell'unghia o addirittura la rottura del materiale ricostruito.

È consigliabile anche prestare attenzione durante l'esecuzione di attività che coinvolgono l'acqua, come lavare i piatti o fare il bagno, in quanto l'acqua e l'umidità prolungata possono indebolire il legame tra l'acrigel e l'unghia naturale, aumentando il rischio di sollevamento o rottura.

Inoltre, evitare di esporre le unghie ricostruite a fonti di calore eccessivo, come asciugacapelli o lampade UV, in quanto ciò potrebbe compromettere la stabilità del materiale e causare danni irreversibili.

Infine, è consigliabile utilizzare prodotti specifici per la cura e la protezione delle unghie ricostruite, come oli o smalti rinforzanti, per fornire un ulteriore livello di protezione e nutrimento alla superficie dell'unghia.

Seguendo queste precauzioni e praticando una corretta manutenzione, è possibile garantire che le unghie ricostruite rimangano forti, sane e belle nel tempo.

3. Nutrizione e idratazione delle unghie

La corretta nutrizione e idratazione delle unghie sono fondamentali per mantenerle forti, flessibili e in salute. Le unghie, come qualsiasi altra parte del corpo, richiedono sostanze nutrienti specifiche per crescere e rimanere robuste nel tempo.

Innanzitutto, è importante seguire una dieta equilibrata e ricca di nutrienti per garantire un apporto sufficiente di vitamine e minerali essenziali per la salute delle unghie. Alcuni nutrienti particolarmente importanti includono la biotina, la vitamina E, il calcio, lo zinco e le proteine. Questi nutrienti favoriscono la crescita delle unghie, ne migliorano la resistenza e riducono la fragilità.

La biotina, ad esempio, è nota per favorire la crescita delle unghie e dei capelli ed è presente in alimenti come uova, noci, avocado e banane. La vitamina E è un potente antiossidante che aiuta a proteggere le unghie dai danni ambientali e può essere trovata in alimenti come mandorle, spinaci e semi di girasole.

Inoltre, mantenere un'adeguata idratazione è essenziale per la salute delle unghie. L'acqua aiuta a mantenere l'idratazione delle unghie e della pelle circostante, prevenendo la secchezza e la fragilità. Bere almeno otto bicchieri d'acqua al giorno può contribuire a mantenere le unghie idratate e flessibili.

Oltre all'alimentazione e all'idratazione, l'applicazione regolare di oli e creme idratanti specificamente formulati per le unghie può aiutare a mantenere la loro elasticità e resistenza. Gli oli naturali come l'olio di cocco, l'olio di mandorle dolci e l'olio di jojoba possono essere massaggiati sulle unghie e cuticole per nutrire e idratare la zona circostante.

In conclusione, una corretta nutrizione, idratazione e cura delle unghie sono fondamentali per mantenerle in salute e belle nel tempo. Integrare una dieta equilibrata con alimenti ricchi di nutrienti, bere abbondante acqua e utilizzare oli e creme idratanti può aiutare a mantenere le unghie forti, flessibili e resistenti.

4. Monitoraggio dello stato di salute delle unghie

Il monitoraggio regolare dello stato di salute delle unghie è un'abitudine importante per individuare tempestivamente eventuali problemi e prendere le misure necessarie per mantenerle in condizioni ottimali. Esaminare attentamente le unghie può fornire preziose informazioni sullo stato di salute generale del corpo e rivelare segnali di carenze nutrizionali, problemi di salute sottostanti o danni ambientali.

Durante il monitoraggio, è essenziale osservare diversi aspetti delle unghie, tra cui colore, forma, spessore, texture e integrità. Un cambiamento repentino nel colore delle unghie, ad esempio, potrebbe indicare problemi di salute come carenze vitaminiche, infezioni fungine o problemi circolatori. Unghie giallastre potrebbero essere un segno di infezione fungina, mentre un colore bluastro potrebbe indicare problemi di circolazione.

La forma e lo spessore delle unghie possono anche fornire indicazioni sullo stato di salute. Unghie sottili e fragili potrebbero essere indicative di carenze nutrizionali o condizioni mediche sottostanti, mentre unghie spesse e opache potrebbero essere segni di infezioni fungine o psoriasi delle unghie.

La texture delle unghie è un altro aspetto importante da considerare durante il monitoraggio. Unghie irregolari o con solchi profondi potrebbero indicare problemi di salute come eczema, psoriasi o problemi di tiroide. Inoltre, la presenza di macchie bianche o chiazze sulle unghie potrebbe essere un segno di danni fisici o carenze nutrizionali.

Infine, è cruciale prestare attenzione alla presenza di danni o anomalie strutturali sulle unghie. La rottura frequente delle unghie o il sollevamento del materiale ricostruito potrebbe indicare l'uso di prodotti inappropriati o una tecnica di applicazione errata. Inoltre, la formazione di crepe, fratture o distorsioni dell'acrigel potrebbe richiedere un'adeguata valutazione e correzione per prevenire danni maggiori o infezioni.

In conclusione, il monitoraggio regolare dello stato di salute delle unghie è fondamentale per individuare precocemente eventuali problemi e adottare le misure necessarie per mantenerle in salute. Osservare attentamente colore, forma, spessore, texture e integrità delle unghie può fornire preziose informazioni sullo stato di salute generale del corpo e prevenire potenziali complicazioni.

5. Suggerimenti per prolungare la durata della ricostruzione

Per prolungare la durata della ricostruzione delle unghie con acrigel, è fondamentale adottare una serie di accorgimenti e seguire alcune pratiche di manutenzione quotidiana. Seguire correttamente questi suggerimenti può contribuire significativamente a preservare l'aspetto e la resistenza delle unghie ricostruite, garantendo una durata ottimale del lavoro svolto.

Innanzitutto, è importante evitare l'esposizione a sostanze chimiche aggressive che potrebbero danneggiare o compromettere la tenuta dell'acrigel. Queste sostanze includono detergenti per la casa, solventi per unghie, prodotti per la pulizia industriale e sostanze corrosive. Proteggere le mani con guanti durante l'esposizione a tali agenti può aiutare a prevenire danni alla ricostruzione delle unghie.

Inoltre, è consigliabile evitare l'uso eccessivo di unghie ricostruite come strumenti per aprire o graffiare oggetti. Le unghie artificiali, se sottoposte a stress meccanico eccessivo, possono danneggiarsi o staccarsi più facilmente. Utilizzare strumenti appositi per compiti pesanti e trattare con cura le proprie unghie per evitare danni prematuri.

Una corretta idratazione delle unghie è un altro aspetto cruciale per mantenere la durata della ricostruzione. Applicare regolarmente oli o idratanti specifici per le unghie può aiutare a mantenere la flessibilità e la resistenza dell'acrigel, riducendo il rischio di rottura o sollevamento. Inoltre, è consigliabile evitare l'esposizione prolungata all'acqua o ai detergenti, poiché l'umidità eccessiva può indebolire l'adesione dell'acrigel alle unghie naturali.

Infine, è consigliabile pianificare regolari appuntamenti di manutenzione presso un professionista qualificato per la ricostruzione delle unghie. Durante queste visite, il tecnico può eseguire controlli regolari, effettuare eventuali ritocchi necessari e valutare lo stato generale delle unghie. Inoltre, durante la manutenzione, è possibile eseguire trattamenti di rinforzo o rinnovo della ricostruzione per garantire la sua durata nel tempo.

Seguire attentamente questi suggerimenti può contribuire in modo significativo a prolungare la durata della ricostruzione delle unghie con acrigel, mantenendo un aspetto impeccabile e una resistenza ottimale nel tempo.

XXIV. Consigli per il Marketing e la Promozione dei Servizi di Onicotecnica

1. Identificazione del target di clientela

Identificare il target di clientela è un passaggio fondamentale per il successo nel settore dell'onicotecnica. Questo processo coinvolge l'analisi e la comprensione delle caratteristiche demografiche, comportamentali e psicografiche del pubblico a cui si desidera rivolgere i propri servizi.

Inizialmente, è essenziale definire il genere di clienti che si desidera attirare, considerando fattori come età, genere, occupazione, interessi e stile di vita. Ad esempio, se si mira a un pubblico più giovane e alla moda, potrebbe essere necessario adottare un approccio più innovativo e creativo nella promozione dei servizi. D'altro canto, se il focus è su clienti più maturi e professionisti, potrebbe essere importante comunicare un'immagine di affidabilità e competenza.

Oltre alle caratteristiche demografiche, è altrettanto importante comprendere i bisogni, i desideri e le preoccupazioni del target di clientela. Questo può essere ottenuto attraverso ricerche di mercato, sondaggi, interviste e osservazioni dirette. Ad esempio, se si scopre che molti potenziali clienti sono interessati a trattamenti per rinforzare le unghie deboli o danneggiate, si può focalizzare la propria offerta su soluzioni specifiche per questo problema.

Inoltre, è utile considerare il contesto geografico e culturale in cui si opera, poiché le preferenze e le esigenze dei clienti possono variare in base alla regione o al paese. In definitiva, un'accurata identificazione del target di clientela fornisce una base solida per sviluppare strategie di marketing mirate ed efficaci, che consentono di raggiungere e soddisfare al meglio le esigenze dei clienti, aumentando così il successo e la crescita del proprio business.

2. Strategie di branding e posizionamento sul mercato

Lo sviluppo di strategie di branding e il posizionamento sul mercato sono cruciali per differenziarsi dalla concorrenza e creare un'immagine distintiva e riconoscibile per il proprio studio di onicotecnica.

Una delle prime considerazioni da affrontare è la creazione di un nome aziendale accattivante e memorabile, che rifletta l'identità e i valori del marchio. Questo nome dovrebbe essere facile da pronunciare, facilmente memorizzabile e non confondibile con altri nomi già presenti sul mercato. Inoltre, è importante verificare la disponibilità del nome per il dominio del sito web e sui principali social media per garantire una presenza online coerente e uniforme.

Successivamente, è fondamentale sviluppare un logo distintivo e professionale che rappresenti visivamente il marchio. Il logo dovrebbe essere in linea con lo stile e l'immagine desiderati, e può includere elementi come simboli, colori e font che richiamano l'essenza del marchio. Una volta creato, il logo dovrebbe essere utilizzato in tutti i materiali di marketing, inclusi biglietti da visita, brochure, siti web e profili sui social media, per garantire coerenza e riconoscibilità del marchio in tutti i canali di comunicazione.

Parallelamente, è essenziale definire la propria proposta di valore unica e distintiva, ovvero ciò che rende il proprio studio di onicotecnica diverso e migliore rispetto alla concorrenza. Questo potrebbe includere elementi come la qualità dei servizi offerti, l'esperienza del personale, l'utilizzo di prodotti di alta qualità o l'attenzione al cliente. Comunicare chiaramente questa proposta di valore attraverso tutti i materiali di marketing aiuterà a catturare l'attenzione dei potenziali clienti e a distinguersi sul mercato.

Infine, è importante sviluppare una strategia di comunicazione e promozione efficace per aumentare la visibilità e l'attrattiva del proprio marchio. Questo potrebbe includere attività come pubblicità sui social media, collaborazioni con influencer del settore, partecipazione a fiere e eventi di settore, offerte promozionali e programmi fedeltà per i clienti. Investire in queste attività di marketing può contribuire a aumentare la consapevolezza del marchio, generare interesse e portare nuovi clienti al proprio studio di onicotecnica.

3. Utilizzo dei social media per la promozione

L'utilizzo dei social media è diventato uno strumento fondamentale per la promozione efficace dei servizi di onicotecnica. Tuttavia, per ottenere risultati positivi, è necessario adottare una strategia ben definita e personalizzata che tenga conto delle specifiche esigenze e del pubblico di riferimento del proprio studio.

In primo luogo, è importante identificare i social media più appropriati per raggiungere il proprio target di clientela. Piattaforme popolari come Instagram, Facebook e Pinterest sono spesso le scelte più comuni per gli operatori di onicotecnica, poiché consentono di condividere foto e video accattivanti dei propri lavori e di interagire direttamente con i clienti potenziali e esistenti.

Una volta scelti i social media più adatti, è essenziale creare contenuti interessanti e di qualità che catturino l'attenzione del pubblico e riflettano l'immagine e lo stile del proprio marchio. Questi contenuti potrebbero includere foto di nail art, video tutorial su tecniche di ricostruzione delle unghie, consigli di cura e manutenzione delle unghie, nonché dietro le quinte dello studio e del lavoro quotidiano.

Inoltre, è importante mantenere una presenza attiva e coinvolgente sui social media, rispondendo prontamente ai commenti e ai messaggi dei clienti, partecipando alle conversazioni della community e condividendo contenuti regolarmente. Questo aiuta a creare un rapporto più stretto con il pubblico e a sviluppare un senso di fiducia e affinità con il marchio.

Oltre alla creazione di contenuti organici, è possibile sfruttare le funzionalità pubblicitarie offerte dalle piattaforme social per promuovere i propri servizi di onicotecnica. Le campagne pubblicitarie mirate consentono di raggiungere specifici segmenti di pubblico e di aumentare la visibilità del marchio, generando potenziali lead e aumentando il traffico verso il proprio studio.

Infine, è importante monitorare e valutare costantemente le prestazioni delle proprie attività sui social media, analizzando metriche come l'engagement, il reach e le conversioni. Questo aiuta a identificare ciò che funziona e ciò che può essere migliorato, consentendo di adattare e ottimizzare continuamente la propria strategia di promozione sui social media per massimizzare il successo del proprio studio di onicotecnica.

4. Collaborazioni e partnership con altri professionisti del settore beauty

Le collaborazioni e le partnership con altri professionisti del settore beauty possono rappresentare un prezioso strumento per ampliare la propria clientela e promuovere i servizi di onicotecnica in modo efficace. Queste sinergie permettono di offrire pacchetti integrati e combinati che soddisfano le esigenze di cura e bellezza dei clienti in modo completo e personalizzato.

Una strategia comune è quella di collaborare con estetisti, parrucchieri, truccatori e altri professionisti del settore beauty per offrire pacchetti combinati che includono servizi di onicotecnica insieme a trattamenti per capelli, viso e corpo. Questo permette di fornire ai clienti un'esperienza completa di bellezza e benessere, rispondendo alle loro esigenze in modo globale e conveniente.

Le partnership con spa, centri benessere e saloni di bellezza possono essere particolarmente vantaggiose, in quanto consentono di raggiungere un pubblico più ampio e di offrire i propri servizi a clienti che potrebbero non essere stati esposti prima alla pratica della ricostruzione delle unghie. Inoltre, queste collaborazioni possono portare a un aumento del traffico di clienti attraverso referenze incrociate e promozioni congiunte.

Oltre alle collaborazioni con altri professionisti del settore, è anche possibile stabilire partnership con marchi di prodotti per la cura delle unghie e cosmetici, ottenendo visibilità attraverso eventi promozionali, sponsorizzazioni e testimonianze. Questo tipo di partnership può aiutare a promuovere i propri servizi di onicotecnica e a consolidare la propria credibilità nel settore beauty.

Un'altra opportunità di collaborazione è quella di partecipare a eventi e fiere del settore beauty, dove è possibile incontrare altri professionisti del settore, stabilire contatti e creare sinergie per futuri progetti e iniziative collaborative. La partecipazione a workshop, seminari e corsi di formazione con altri esperti del settore può anche offrire preziose opportunità di apprendimento e crescita professionale.

In definitiva, le collaborazioni e le partnership con altri professionisti del settore beauty rappresentano un'importante strategia di marketing e promozione per gli operatori di onicotecnica, consentendo loro di ampliare la propria rete di clienti, accrescere la propria visibilità e offrire un valore aggiunto ai propri servizi.

5. Offerte speciali e programmi fedeltà per i clienti

Le offerte speciali e i programmi fedeltà rappresentano strumenti potenti per incentivare la clientela e promuovere i servizi di onicotecnica in modo efficace. Queste iniziative sono fondamentali per creare un legame duraturo con i clienti e incoraggiarli a tornare regolarmente per ulteriori trattamenti.

Le offerte speciali possono assumere diverse forme, tra cui sconti sul prezzo dei servizi, pacchetti promozionali che includono più trattamenti a un prezzo ridotto e promozioni stagionali legate a eventi specifici come San Valentino, Natale o compleanni. Queste offerte sono progettate per attirare nuovi clienti e stimolare l'interesse dei clienti esistenti per provare nuovi trattamenti o servizi.

I programmi fedeltà sono un'altra strategia efficace per premiare i clienti abituali e incoraggiarli a tornare. Questi programmi possono includere sistemi di punti, dove i clienti accumulano punti ogni volta che ricevono un trattamento e possono poi riscattarli per sconti o trattamenti gratuiti. In alternativa, possono essere offerti vantaggi esclusivi come accesso anticipato a nuovi prodotti o servizi, inviti a eventi speciali e omaggi personalizzati.

È importante progettare offerte speciali e programmi fedeltà che siano in linea con le esigenze e i desideri della propria clientela. Per questo motivo, è consigliabile condurre ricerche di mercato e sondaggi per comprendere meglio le preferenze dei clienti e sviluppare offerte e programmi che siano allettanti e rilevanti per loro.

Inoltre, è essenziale comunicare in modo efficace le offerte speciali e i programmi fedeltà ai clienti attraverso diversi canali di comunicazione, tra cui siti web, social media, newsletter e materiale promozionale all'interno del proprio studio o salone. Utilizzare un linguaggio accattivante e visivamente accattivante può aiutare a catturare l'attenzione dei clienti e incoraggiarli a partecipare alle offerte e ai programmi.

In conclusione, le offerte speciali e i programmi fedeltà sono strumenti preziosi per promuovere i servizi di onicotecnica e incentivare la clientela. Sviluppare offerte e programmi creativi e personalizzati può contribuire a creare un legame più forte con i clienti e a garantire il successo a lungo termine del proprio business.

XXV. Conclusioni e Prospettive Future

1. Riassunto delle principali tematiche trattate

Il presente capitolo intende fornire un riassunto esauriente delle principali tematiche trattate nel corso del libro, con l'obiettivo di consolidare le conoscenze acquisite e rafforzare la comprensione dei concetti fondamentali nell'ambito della ricostruzione unghie con gel, acrilico e acrigel.

Durante il percorso di apprendimento, abbiamo esplorato in dettaglio ogni fase del processo di ricostruzione, partendo dalla preparazione dell'unghia naturale fino alla rifinitura e lucidatura finale. Abbiamo approfondito le tecniche di applicazione dei diversi materiali, analizzando le peculiarità di ciascuno e fornendo indicazioni pratiche per ottenere risultati ottimali.

Inoltre, abbiamo discusso approfonditamente i problemi comuni e le relative soluzioni, offrendo suggerimenti preziosi per affrontare le sfide più frequenti incontrate durante la pratica professionale. Attraverso esempi pratici, consigli utili e strategie avanzate, il lettore ha avuto l'opportunità di acquisire competenze solide e di sviluppare una comprensione approfondita del mestiere di onicotecnica.

Oltre a ciò, sono state presentate anche indicazioni sul marketing e sulla promozione dei servizi di onicotecnica, con suggerimenti mirati per raggiungere e fidelizzare la clientela.

In sintesi, il libro ha fornito una panoramica completa delle competenze necessarie per diventare un professionista della ricostruzione unghie, preparando il lettore a affrontare con successo sfide e opportunità nel campo della bellezza e del benessere delle mani.

2. Riflessioni sull'evoluzione del settore dell'onicotecnica

Il settore dell'onicotecnica ha subito negli ultimi anni un'evoluzione significativa, influenzata da una serie di fattori che hanno plasmato il modo in cui vengono concepiti e praticati i servizi legati alla cura delle unghie. Una delle trasformazioni più evidenti è stata l'avvento delle nuove tecnologie e dei materiali innovativi, che hanno rivoluzionato le tecniche di ricostruzione e le possibilità creative a disposizione degli operatori del settore.

L'introduzione di gel, acrilico e acrigel ha aperto nuove prospettive nell'ambito della ricostruzione unghie, consentendo di ottenere risultati sempre più naturali, resistenti e duraturi. Grazie alla versatilità di questi materiali, è stato possibile realizzare design complessi, forme personalizzate e decorazioni dettagliate, soddisfacendo le esigenze più diverse della clientela e permettendo agli onicotecnici di esprimere al meglio la propria creatività.

Parallelamente, si è assistito a un cambiamento nei gusti e nelle preferenze del pubblico, con una crescente attenzione alla cura e all'estetica delle unghie. Questo ha comportato una maggiore richiesta di servizi professionali e una spinta verso l'innovazione nel settore, con l'aggiornamento costante delle tecniche e l'introduzione di nuovi trattamenti mirati a migliorare la salute e l'aspetto delle unghie.

Inoltre, l'avvento dei social media e delle piattaforme digitali ha rivoluzionato il modo in cui vengono promossi e condivisi i servizi di onicotecnica, offrendo agli operatori del settore nuove opportunità di visibilità e di contatto con la clientela. La presenza online è diventata essenziale per promuovere il proprio lavoro, mostrare i propri risultati e interagire con il pubblico in modo diretto e immediato.

In conclusione, l'evoluzione del settore dell'onicotecnica ha portato a un rinnovamento profondo delle pratiche e delle prospettive professionali, aprendo nuove strade e sfide per gli operatori del settore. È importante per chiunque lavori in questo campo rimanere aggiornati sulle ultime tendenze e innovazioni, per offrire sempre servizi all'avanguardia e di alta qualità alla propria clientela.

3. Prospettive future e tendenze emergenti

Guardando al futuro del settore dell'onicotecnica, emergono diverse prospettive interessanti e tendenze che influenzeranno il modo in cui vengono offerti i servizi e condotte le attività professionali. Una delle tendenze più significative è l'accentuato interesse per la sostenibilità e l'ecologia, che si riflette anche nella scelta dei materiali e dei prodotti utilizzati nella ricostruzione unghie.

L'impiego di materiali biocompatibili e a basso impatto ambientale diventerà sempre più diffuso, in risposta alla crescente sensibilità dei consumatori nei confronti delle questioni ambientali e alla ricerca di soluzioni più eco-friendly. Ci si aspetta quindi un aumento dell'uso di prodotti naturali e biodegradabili, non solo per rispondere alle esigenze del mercato, ma anche per adottare pratiche più sostenibili nel proprio lavoro quotidiano.

Inoltre, si prevede un'ulteriore integrazione delle tecnologie digitali nel settore dell'onicotecnica, con lo sviluppo di strumenti e applicazioni innovative per la progettazione e la visualizzazione dei design, la gestione dei clienti e la promozione dei servizi. Applicazioni di realtà aumentata e virtualità potrebbero diventare parte integrante dell'esperienza del cliente, consentendo di sperimentare in anteprima i risultati desiderati e personalizzare al massimo il servizio offerto.

Un'altra tendenza emergente riguarda l'espansione dei servizi di onicotecnica oltre il contesto tradizionale dei saloni di bellezza, con la creazione di nuovi formati di business come gli studi dedicati esclusivamente alla cura delle unghie, i servizi a domicilio e le collaborazioni con altri professionisti del settore beauty. Questo ampliamento delle possibilità lavorative offre nuove opportunità di crescita e sviluppo per gli operatori del settore, consentendo loro di raggiungere una clientela più ampia e diversificata.

Infine, non possiamo trascurare l'importanza della formazione continua e dell'aggiornamento professionale per rimanere al passo con le ultime tendenze e tecniche del settore. L'apprendimento costante e l'acquisizione di nuove competenze sono fondamentali per garantire prestazioni di alta qualità e soddisfare le aspettative sempre più elevate della clientela.

In sintesi, le prospettive future dell'onicotecnica sono caratterizzate da un'impegno crescente verso la sostenibilità, l'innovazione tecnologica, l'espansione dei servizi e l'elevata professionalità, che rappresentano le chiavi per il successo e la crescita nel settore.

4. Consigli per continuare a crescere e adattarsi al cambiamento

Per continuare a crescere e adattarsi al cambiamento nel settore dell'onicotecnica, è fondamentale adottare un approccio proattivo e orientato all'apprendimento continuo. Ecco alcuni consigli pratici per gli operatori del settore che desiderano mantenere la propria rilevanza e rimanere competitivi in un mercato in costante evoluzione:

1. **Aggiornamento professionale:** Investi nella tua formazione e partecipa a corsi, workshop e seminari per acquisire nuove competenze e rimanere al passo con le ultime tendenze e tecnologie del settore. Mantenere aggiornate le tue conoscenze ti consentirà di offrire servizi innovativi e di alta qualità ai tuoi clienti.

2. **Sperimentazione e ricerca:** Sii aperto alla sperimentazione e alla ricerca di nuove tecniche, materiali e prodotti. Esplora le nuove tendenze e le innovazioni nel settore, e cerca di adattarle al tuo stile e alle esigenze della tua clientela.

3. **Networking:** Partecipa a eventi del settore, fiere di bellezza e incontri con altri professionisti per ampliare la tua rete di contatti e condividere esperienze ed idee. Il networking può aiutarti a scoprire opportunità di collaborazione, a ottenere feedback e consigli utili, e a rimanere ispirato dal lavoro degli altri.

4. **Feedback dei clienti:** Ascolta attentamente i feedback dei tuoi clienti e utilizzali per migliorare i tuoi servizi e la tua esperienza complessiva. Chiedi loro di esprimere le loro opinioni e le loro preferenze, e cerca di soddisfare le loro aspettative nel modo migliore possibile.

5. **Adattabilità:** Sii flessibile e adattabile ai cambiamenti del mercato e alle esigenze della clientela. Osserva le tendenze emergenti e le richieste dei clienti, e modifica di conseguenza la tua strategia aziendale e i tuoi servizi per rimanere al passo con i tempi.

6. **Marketing efficace:** Utilizza strategie di marketing efficaci per promuovere i tuoi servizi e raggiungere nuovi clienti. Sfrutta i social media, il sito web, la pubblicità locale e altre piattaforme di marketing per aumentare la tua visibilità e attrarre potenziali clienti.

7. **Mantenimento delle relazioni:** Coltiva rapporti duraturi con i tuoi clienti esistenti, offrendo loro un servizio eccellente e mantenendo un contatto regolare attraverso newsletter, promozioni speciali e altri mezzi di comunicazione. I clienti soddisfatti sono la chiave per ottenere raccomandazioni e feedback positivi.

8. **Monitoraggio dei risultati:** Monitora costantemente i tuoi risultati e le prestazioni del tuo business, analizzando metriche come il numero di clienti, il fatturato e la soddisfazione del cliente. Utilizza queste informazioni per identificare aree di miglioramento e pianificare le tue prossime mosse.

Seguendo questi consigli e mantenendo un atteggiamento aperto e proattivo, sarai in grado di continuare a crescere e adattarti alle sfide e alle opportunità che il settore dell'onicotecnica presenta.

5. Ringraziamenti e conclusioni

Nel giungere alla fine di questo manuale dedicato alla ricostruzione delle unghie con gel, acrilico e acrigel, desidero esprimere profonda gratitudine a tutte le persone che hanno reso possibile la realizzazione di questo progetto.

Un ringraziamento speciale va a tutti i professionisti del settore dell'onicotecnica che hanno condiviso le proprie tecniche e segreti con generosità, arricchendo così il contenuto di questo libro e rendendolo una risorsa completa e affidabile per chiunque desideri imparare e perfezionarsi in questo campo.

Desidero inoltre esprimere la mia gratitudine ai lettori, sia principianti che esperti, che hanno mostrato interesse e apprezzamento per questo manuale. Il vostro sostegno e feedback sono stati fondamentali per guidare la creazione di contenuti informativi e pratici, mirati a soddisfare le vostre esigenze e domande.

Infine, vorrei ringraziare le persone care che mi hanno sostenuto e incoraggiato lungo il percorso di scrittura di questo manuale. Il vostro sostegno morale e affettuoso è stato fondamentale per superare le sfide e portare a termine questo progetto con successo.

In conclusione, spero che questo manuale si riveli un'utile risorsa per tutti coloro che desiderano apprendere le tecniche di ricostruzione delle unghie con gel, acrilico e acrigel, e che possa essere uno strumento prezioso per l'avanzamento professionale nel campo dell'onicotecnica. Grazie ancora a tutti coloro che hanno reso possibile questo viaggio di apprendimento e crescita.

Vuoi un nostro libro a soli 0,99€? Ecco come fare!

Ciao!
Se ti è piaciuto questo libro, puoi ricevere il prossimo titolo **a soli 0,99€**, scegliendo tra:

📖 eBook
🖨 PDF di un libro cartaceo

Segui questi semplici passaggi:

📍 **1.** Condividi la tua esperienza sul sito dove hai effettuato l'acquisto.

📍 **2.** Invia uno screenshot **del tuo feedback** dove si legge anche la dicitura "Acquisto verificato" a:
info.testicreativi@gmail.com

📍 **3.** Riceverai un codice sconto personale da utilizzare sul nostro store online, valido per ottenere il prossimo libro **a soli 0,99€**.

📑 La tua opinione conta davvero: ogni recensione ci aiuta a crescere e permette a nuovi lettori di scoprire i nostri libri.

Grazie di cuore per il tuo tempo e buona lettura!